现代体育经济学理论及发展研究

欧阳群华　王增科　著

中国言实出版社

图书在版编目（CIP）数据

现代体育经济学理论及发展研究 / 欧阳群华，王增
科著. -- 北京 : 中国言实出版社，2023.4
　　ISBN 978-7-5171-4442-7

　　Ⅰ．①现… 　Ⅱ．①欧… ②王… 　Ⅲ．①体育经济学-
研究-中国 　Ⅳ．①G80-052

中国国家版本馆 CIP 数据核字 (2023) 第 058553 号

现代体育经济学理论及发展研究

责任编辑：郭江妮
责任校对：邱　耿

出版发行：中国言实出版社
　　　　地　址：北京市朝阳区北苑路 180 号加利大厦 5 号楼 105 室
　　　　邮　编：100101
　　　　编辑部：北京市海淀区花园路 6 号院 B 座 6 层
　　　　邮　编：100088
　　　　电　话：010-64924853（总编室）　010-64924716（发行部）
　　　　网　址：www.zgyscbs.cn　电子邮箱：zgyscbs@263.net

经　销：新华书店
印　刷：北京银祥印刷有限公司
版　次：2024 年 3 月第 1 版　　2024 年 3 月第 1 次印刷
规　格：787 毫米×1092 毫米　　1/16　　11.5 印张
字　数：210 千字

定　价：79.00 元
书　号：ISBN 978-7-5171-4442-7

前　　言

当今社会，体育产业作为第三产业的重要组成部分，在国民经济中正日益发挥着重要作用。体育经济伴随着体育产业的兴起而出现，随着体育经济的不断发展以及体育经济价值的不断凸显，体育经济学也应运而生，并日益成熟，成为一门具有自身研究对象、研究领域和研究方法的新兴学科。

当前我国体育产业发展虽初具规模，但仍处在初级阶段，其在经济社会当中的作用、地位与我国体育大国这一国际形象并不符合。伴随改革开放以及市场经济体制的不断发展和建设，在较大程度上发展并解放了社会生产力，让民众对于体育及经济需求均产生明显提升，引起了我国体育产业基本结构的变化与调整。在市场经济的不断作用下，体育产业经济迅速发展。然而，因为体育产业经济在发展过程中存在诸多制约因素，亟需在进行认识和分析的同时，科学解决产业经济发展问题，推动体育产业在日新月异的市场环境中不断发展，促进产业经济实现快速发展。

本书共分为八章。第一章对当前体育经济学的研究现状进行了综述，分析了体育经济学的产生和发展，并提出了体育经济学的研究对象、研究内容和研究方法；第二章研究了体育市场的供给和需求均衡问题；第三章讨论了体育服务商品理论，包括体育服务商品的范围、途径、供求关系及发展趋势等；第四章讨论了体育市场的结构理论及实际应用问题；第五章对体育产业政策理论进行了探讨，包括体育产业政策体系的构建、对体育产业发展的影响以及体育产业政策的实施评价等；第六章分析了体育市场营销理论，包括体育市场营销的策略以及营销的组织与执行；第七章探讨了体育消费者行为理论，包括影响体育消费者行为的因素以及体制转型时期的体育消费者行为分析；第八章针对体育赛事的经济影响进行了研究，包括体育赛事的经济环境影响因素、对关联产业的经济影响、对赛事生产地经济发展的影响以及体育赛事的经济影响评估等。

当前，我国经济发展已进入新常态。为了适应和引领经济发展，激发体育经济应有的活力，2019 年，国务院办公厅发布了《关于促进全民健身和体育消费推动体育产业高质量发展的意见》，为中国体育产业的发展提出了具体实施方案。这一政府指导意见的出台，为体育经济学的研究提供了新的机遇，将促进我国体育经济学理论的进一步完善和发展。

本书在写作过程中参考了众多国内外专家学者的最新研究成果，在此表示诚挚的感谢！由于作者水平有限，书中如有不当之处，恳请读者批评指正。

作　者
2023 年 1 月

目　　录

第一章　体育经济学研究现状分析 1

  第一节　体育经济学的产生和发展 1

  第二节　体育经济学的研究对象 5

  第三节　体育经济学研究的内容和方法 14

第二章　体育市场的供给与需求理论分析 19

  第一节　体育市场的供给 19

  第二节　体育市场的需求 22

  第三节　体育市场的均衡与弹性分析 27

第三章　体育服务商品理论分析 37

  第一节　体育服务成为商品的原因解析 37

  第二节　体育服务商品的范围及途径 40

  第三节　价格与体育服务商品供求的关系 43

  第四节　体育商业化趋势及利弊分析 58

第四章　体育市场结构理论分析 61

  第一节　市场结构理论分析 61

  第二节　体育市场结构分析 69

  第三节　体育市场结构理论应用 77

第五章　体育产业政策理论与发展分析 89

  第一节　体育产业政策体系的构建 89

  第二节　体育产业政策对体育产业发展的影响 94

  第三节　体育产业政策的实施评价 97

第六章　体育市场营销理论与策略分析 103

  第一节　体育市场营销理论分析 103

第二节　体育市场营销的策略分析 108
第三节　体育市场营销的组织与执行 119

第七章　体育消费者行为理论分析 131

第一节　体育消费者行为理论基础 131
第二节　影响体育消费者行为的因素分析 144
第三节　体制转型时期的体育消费者行为研究 149

第八章　体育赛事的经济影响分析 157

第一节　体育赛事的经济环境影响因素 157
第二节　体育赛事对关联产业的经济影响 158
第三节　体育赛事对赛事生产地经济发展的影响 164
第四节　体育赛事的经济影响评估 171

参考文献 177

第一章　体育经济学研究现状分析

第一节　体育经济学的产生和发展

一、国外体育经济学的产生和发展

人类历史上出现的各种社会现象和活动，都有一个产生和发展的过程。体育在市场经济体制下运行已有几百年的历史。体育作为一项产业活动是随着资本主义制度的产生，而开始萌芽逐渐演进的。但是体育经济学作为一门独立的学科出现，则是在 20 世纪 60 年代以后。

第二次世界大战以后，整个世界经历了一个和平发展时期，国际形势从对抗走向对话，从紧张趋向缓和。与此同时，由于科学技术的进步，社会生产力水平有了相当的提高，劳动时间日趋缩短，生活水平也有了明显提高，特别是 20 世纪 60 年代以来，体育运动的蓬勃发展以及社会对体育需求的不断增加，促进了体育经济学的产生和发展。

（1）社会经济的发展，生产力水平的提高，促进并推动了体育经济学的产生和发展。

战后由于科学技术的迅速发展和机械化、自动化生产的普遍实行，给社会生活带来两个直接的影响：一是工作日缩短，一般实行 5 天 40 小时工作制；二是非体力劳动者（白领）人数不断增长，在发达国家已经超过就业人口的 50%。与此同时，这些非体力劳动者却因为"运动不足"而出现体质下降的现象，产生了一种"现代生活方式病"，主要表现为心血管疾病、各种癌症、慢性肺部疾病、糖尿病、骨质疏松症等。

世界卫生组织（WHO）曾发出警告，全球每年有大量人口死于可以预防的慢性疾病。如果不加以调整，因不良生活方式而患上慢性疾病的人数将继续增长。

因此，体育活动、体育锻炼作为克服体质下降、弥补运动不足的一种积极而有效的方法和手段，越来越受到人们的重视。

20 世纪 60 年代以来，特别是 70 年代以后，参加体育活动的人口不断增加，在发达国家大众参加体育活动的人数占总人口的比重一般在 50%以上，个别国家甚至超过 70%。对体育运动需求的不断增长以及体育运动所表现出来的对经济的作用，导致了社会对体育运动投资的增加，投资增加就需要对投资的效益进行研究，从而促进并推动了体育经济学的产生和发展。

（2）竞技体育运动向高水平化、商业化、国际化和竞争激烈化的方向发展，促进并推动了体育经济学的产生和发展。

当代体育运动特别是竞技体育运动有三个显著特点：一是出成绩越来越困难。法国科学家经过多年研究后宣称，人类竞技水平已经逼近生理极限，2060 年后再创造世界纪录的可能性微乎其微。二是为了创造好的成绩，攀登世界竞技体育的高峰，需要投入的资金越来越多。三是体育商业化趋势越来越浓，这些均涉及一系列的经济问题。由于对体育投资的增加以及体育运动本身所具有的巨大商业价值，促使人们去研究体育运动中不断出现的各种经济问题，从而促进并推动了体育经济学的产生和发展。

（3）体育产业的拓展，体育消费需求的不断增加，促进并推动了体育经济学的产生和发展。

随着社会生产力的不断提高，自动化生产使工作日缩短，闲暇时间延长，从而为人们提供了参与体育消费活动的可能性。体育意识的不断增强，体育人口的不断增加，使社会对体育消费的需求急剧增加，其中既包括各种运动器材、运动服装、运动鞋等体育实物消费品，也包括各种体育健身、健美、休闲、娱乐、咨询、辅导等体育服务消费品，从而加快了各国体育产业的拓展。

在一些西方发达国家，由于市场经济有着几百年的发展历史，以及体育运动高度的职业化、商业化和社会化，因此这些国家的体育产业发育较早且比较成熟，其体育市场的规模和效益也较显著。巨大的体育产业及其效益已经引起世人的瞩目，从而促进和推动了体育经济学的产生和发展。

二、我国体育经济学研究的产生和发展

我国对体育经济学的研究是在 20 世纪 80 年代才开始的。在这之前，我国的体育部门是计划体制下的事业单位，实行的是统收统支的财政体制，因此基本上没有体育经济问题，也不需要研究体育经济问题。在党的十一届三中全会路线、方针的指引下，在经济体制改革浪潮的推动下，我国体育部门的管理体制也步入改革的行列。随着我国体育部门改革的推进，出现了大量的经济问题需要研究与解答。因此，我国高等体育院校的理论工

作者和体育部门的实际工作者率先进行研究工作。1984 年召开的全国体育哲学社会科学论文报告会，宣读了由体育部门的理论工作者和实际工作者撰写的 20 多篇有关体育经济学的论文，首次提出了创建我国体育经济学学科的倡议。1988 年四川教育出版社出版了由张岩、张尚权、曹缔训编著的《体育经济学》一书，这是我国第一本以《体育经济学》命名的专著，它的出版也标志着体育经济学作为一门独立的学科在我国正式创立。

经过 30 多年的发展，在我国体育部门改革实践的推动下，体育经济学的研究已取得了可喜的进展，主要表现在以下几个方面。

第一，体育经济学的学科体系已初步建立。1998 年发布的由国家科委和国家技术监督局制定的《中华人民共和国国家标准学科分类与代码》已将体育经济学列为体育科学下属的 12 个子学科之一。在国家教委的专家人才库里已存入体育经济学的专家教授名录。在 2003 年颁布的"国家社会科学基金项目的分类法"中已经可以找到体育经济学的学科分类代码。这些均表明，体育经济学作为独立的学科已经得到国家权威部门的确认。

第二，出现了一大批体育经济学的研究成果。据不完全统计，全国已发表的体育经济学方面的论文近万篇，公开出版的国内外专家学者撰写的以《体育经济学》命名的专著或教材近百本。

第三，体育经济学已进入体育院校的教学计划。从 20 世纪 80 年代末起，体育经济学开始以必修或选修课程的形式列入我国高等体育院校的教学计划。目前我国有许多体育类院校的体育管理、体育经济、体育市场营销、社会体育、休闲体育等本科专业，体育人文社会学专业研究生均开设《体育经济学》及相关的课程。

综上所述，尽管我国对体育经济学的研究起步较晚，但发展还是比较快的。随着社会主义市场经济体制的逐步建立及体育产业化的发展，我国体育经济学的研究正处于方兴未艾的发展阶段。

三、体育经济学的建立是现代体育发展的需要

体育经济学是现代社会体育运动发展及体育与经济相结合的产物。现代体育的发展不仅提出了建立体育经济学的需要，也为体育经济学的产生提供了客观条件。具体表现为以下四方面。

（一）体育事业成为国民经济中的一个部门

随着社会经济的发展和消费水平的提高，人们对体育的需求不断增长，

体育逐渐从军事、文化、娱乐、保健等活动中分化出来，成为一种独立的社会活动。为适应这种需要，在社会分工中出现了体育这个行业，向社会提供体育服务这种特殊消费品。随着体育事业的扩大，体育行业已经成为国民经济中一个具有特殊职能的部门和一项拥有相当可观的投入与产出的产业，对国民经济的影响也日益增强。为了维持体育部门的正常运作，国家和社会对体育部门投入的人、财、物越来越多。体育作为一个产业部门，同样存在生产、交换、分配、消费等经济问题，也存在着人与人之间的经济关系以及合理组织并有效使用人、财、物的问题，这些都需要在理论与实践相结合的基础上进行研究。

（二）体育与经济的联系日益密切

随着经济的发展和体育事业规模的扩大，体育作为社会的文化事业，与经济的联系越来越密切。一方面，体育越来越明显地依赖于经济，受经济的制约。无论是举办大型运动会还是为培养优秀运动员及其后备力量而建立遍布全国的运动训练网，都需要巨大的财力支持。这不仅依靠国家的巨额拨款，而且企业的资助也大幅度增加。各体育机构还通过提供有偿体育服务及多种经营的途径增加收入，扩大体育经费来源。另一方面，体育对经济增长的影响作用也在增强。体育对经济的影响大体可分为以下三个层次：第一个层次是体育作为一个产业部门自身可以创造的产值；第二个层次是体育运动促进社会生产力提高可以间接创造产值；第三个层次是体育事业的发展可以刺激和促进与体育有关产业的发展。体育与经济在上述两个方面联系的加强，促使体育事业与社会经济生活密切联系、融会贯通，这就产生了研究体育经济学的必要。

（三）体育改革的深化和观念的转变

随着以市场经济为目标的经济体制改革的进展和体育改革的深化，体育部门的许多劳动产品——体育服务以商品形式进入流通，一个社会主义的体育市场正在形成，体育领域出现了和其他经济领域一样的多种所有制和多种经营方式。体育事业改革和发展的新形势要求体育部门、体育组织机构的管理者，不仅要遵循体育运动的规律，还要探索如何在体育领域运用经济规律来组织、推动体育事业的发展。经济改革、体育改革的深化，不仅使我国体育事业稳步发展、蒸蒸日上，而且使体育工作者普遍增强了经济意识、效益观念、价值观念。经济意识、经济观念已渗透到体育事业管理和运行过程中的一切环节，成为体育部门决策者考虑体育事业发展的一个依据，也成为体育部门及各体育机构管理人员经常思考和讨论的热门话题。体育工作者的这些思考研究为体育经济学的建立提供了条件。

（四）体育事业面临的经济问题日益突出

我国体育事业面临的经济问题主要有：第一，资金问题。体育事业的发展需要投入更大的财力，我国及世界各国的情况表明，仅靠国家财政拨款远不能满足体育事业发展的需要，必须实现体育经费来源的多元化。在我国的具体条件下，如何扩大体育经费的来源，实现体育经费的多元化，是否可以以体育组织自筹为主，对于国外普遍采用的发行体育彩票这一筹集的手段是否可以仿效等，都需要进行探讨。第二，效益问题。效益问题是一切经济活动的核心。如何提高体育投资的效益，花较少的钱办更多的事；体育事业既要讲社会效益，又要讲经济效益，如何处理两者的关系；如何评价体育部门的经济效益，如何提高体育投资的经济效益，这些都是实践中迫切需要回答的问题。第三，体育与市场的关系。市场经济对体育事业有什么影响，体育事业如何适应市场经济的要求，体育是否进入市场、纳入市场运行机制，体育市场有哪些特点、规律等，都是市场经济条件下体育的改革与发展必须要回答的问题，而要回答这些问题就不能不研究体育经济学。

第二节　体育经济学的研究对象

一、体育经济学相关概念解析

一门学科的研究对象关系到该学科的学科性质、基本内容和发展方向，正确地确定研究对象对一门学科有重要意义。体育经济学作为一门新兴的独立学科，必须有明确的特定的研究对象，它才有存在的必要和理由，才能与其他学科区别开来。只有确定体育经济学的研究对象，这门学科才有明确的研究方向、恰当的研究范围及合适的研究方法，才能健康地发展。要确定体育经济学的研究对象，首先要明确几个有关的概念。

（一）体育

无论在国内还是国外，学者们对体育这一概念目前尚无一致的看法，世界各国学者对体育一词下的定义有上百个之多。有的认为体育是指身体教育，即以身体活动为手段的教育；有的认为体育是指通过身体活动来提高人的生物学潜力和精神潜力的活动；有的认为体育是增强体质、促进身体发展的教育；有的认为体育与运动是并列的两个概念，两者不是一回事；有的则认为体育包括了竞技运动；还有人认为竞技运动不但属于体育，而且是体育的核心。尽管对体育的解释众说纷纭，但为了本书论述的需要，不能不对体育寻找一个较恰当的解释。

目前我国体育界较多的人认为，体育一词有狭义与广义之分。狭义的体育即指作为学校教育一部分的体育（有人称为身体教育），它与德育、智育、美育等相配合，构成完整的教育。广义的体育与体育运动的含义相同，包括身体教育（狭义的体育）、身体锻炼、竞技运动等三个部分。身体教育是有目的、有组织、有计划地传授锻炼身体的知识和技能，促进身体全面发展，培养高尚品德和优良意志品质的一个教育过程；身体锻炼是以健身、强身、娱乐、休闲、医疗保健为目的的身体活动；竞技运动是为了最大限度地发展和挖掘个人、集体在体格、体能、心理及运动能力方面的潜力，以取得优异成绩而进行的科学、系统的训练和竞赛。这三个方面因目的、任务、活动方式不同而有所区别，但又有某种共性并相互联系：它们都有教育和教学的因素，都以身体练习和运动为手段，都有提高运动能力和运动技术水平的因素。因此，既要看到作为健身手段、教育手段的体育与竞技运动的区别，把两者完全混同是不对的，更不能以竞技运动代替整个体育。但也不能由于竞技运动的某些特点而把它与体育截然分开，把竞技运动从体育这个大系统中分离出去。本书在确定体育经济学的研究对象时，是从广义上去理解体育这一概念的。

本书对体育概念的界定为：体育是以增强人的体质、提高身体活动能力和运动能力、促进人的全面发展、满足人的健身和精神文化需要为目的，以身体练习和运动为手段的活动。

（二）经济

对经济一词的含义，也有多种理解，常见的有以下几种：一是指经济运动，即包含物质资料的生产、分配、交换、消费在内的广义的生产过程，也就是经济过程。生产活动以及与其相适应的分配、交换、消费等活动，统称经济活动。二是指经济关系，即与一定的社会生产力相适应的社会生产关系的总和，也就是社会经济制度。三是指经济部门或各经济部门的总和，如工业经济、农业经济等，有时指一个国家国民经济各部门的总和。四是指生产或一切经济活动的节约，以较少的消耗取得最大的效果，也指个人及家庭精打细算，以较少的支出来满足生活上的需要。在体育经济学的研究中，主要是从第一种含义上理解经济一词的。

（三）体育与经济的关系

体育与经济都是现代社会这个大系统的要素，两者之间既有外部联系，又有相互交叉渗透而形成的内部联系。体育与经济的外部联系表现为：一方面，经济是体育产生和发展的基础，体育是社会经济发展到一定阶段才产生的，经济的发展制约着体育的发展。

一般来说，体育随着经济的发展而发展，体育运动的规模和水平反映了社会经济发展的状况和水平。另一方面，体育也反作用于经济，是影响经济发展的一个因素。体育与经济的内部联系，就是指体育与经济之间互相交叉、重叠和渗透的关系，或者是指体育部门内部的各种经济关系和经济问题。

体育与经济之间的联系，以及由两者交叉、渗透而产生的体育领域内的经济活动，构成了体育经济的内容。它包括以下两个方面。

一方面是，体育与经济的关系。体育这种特殊的文化现象与社会经济现象之间是相互联系、相互作用的。经济是体育产生和发展的基础，经济的发展制约着体育的发展。这是因为：社会对体育的需求是体育发展的动力，经济的发展创造出社会对体育的新需求，推动了体育的发展；同时，社会经济的发展也为体育事业提供了追加的经济资源，为体育的发展提供条件。一般说来，体育随着经济的发展而发展，体育运动的规模和水平反映了经济发展的状况和水平。体育也反作用于经济，是影响经济发展的一个因素。体育运动可以强身健体，促进劳动者体力与智力的协调发展，丰富劳动者的生活，提高劳动者的素质，从多方面有利于生产的增长和经济的发展。经济的增长与体育的发展，两者是相互促进的。

另一方面是，体育领域的经济活动和经济过程。体育与经济之间还存在内部联系，即体育与经济之间相互交叉、渗透的关系，由此在体育领域产生了一系列经济活动和经济过程。体育事业作为国民经济的一个产业部门，向社会提供体育服务这种特殊消费品。从经济学角度看，体育领域包含着体育服务产品的生产、分配、交换、消费等各个环节。体育部门的工作人员组织、指导人们参加体育活动，从事体育教学、训练工作，提供体育场馆设施的服务，提供具有观赏价值的高水平的运动竞赛，实际上就是体育服务产品的生产过程。人们参加各种体育学习班、培训班，参加由体育场馆工作人员提供服务的各种健身、娱乐等体育活动，观赏高水平的运动竞技等，都是体育服务产品的消费过程。联系体育服务产品生产和消费的则是交换和分配环节。劳动力是生产过程的重要因素，体育运动能提高劳动力的素质，也参与了劳动力再生产的过程，从这个意义上也可以说体育运动是劳动力再生产的一个环节。

体育经济是比体育产业外延更广的一个概念，它不仅包括体育产业本身的经济活动，还包括体育与经济的关系，以及与体育关系密切的一些经济活动。例如：为了支持体育事业，国家批准特许发行体育彩票；为了补贴经营主体，各类体育机构开展体育产业以外的多种经营；一些产业（如运动服装、运动器材、体育场馆设施建筑等产业）的经济活动延伸到体育领域，这些产业的发展要借助于体育，体育运动的发展能促进这些产业的发展。这些经济活动虽不是体育服务产品的经营，但这些产业与体育的关系也属于体育经济的范畴。因此，可以说体育经济是指以发展体育产业为主体的经济活动，或者说是指以发展体育事业为目的，直接围绕体育事业而发生的各种经济活动。

二、体育经济学的研究对象与研究任务

（一）体育经济学的研究对象

根据上面讨论的体育与经济的关系，体育经济学的研究对象就是体育与经济的关系以及体育领域的经济现象和经济活动的本质、特点和规律。具体来说，包括体育与经济的关系和体育领域的经济活动两个方面。

体育经济学研究对象的上述两个方面不是孤立的。作为国民经济组成部分的体育必然和整个社会的经济活动具有整体性、统一性。体育领域的经济关系是由社会物质生产过程中占统治地位的经济关系决定的，离开社会经济这个大环境，离开经济对体育的制约作用，就不能理解体育领域经济现象和经济活动的本质，也不可能揭示体育领域经济活动的特点和规律。同样，离开对体育领域经济现象和经济活动的分析，就不可能全面、深入地把握体育与经济的联系，不能深刻理解经济对体育的制约，也不能充分认识体育在经济发展中的作用。如果不去研究体育领域的经济活动、经济现象，不去研究体育运动本身的经济问题，只是一般地研究体育与经济的

关系，那就不需要建立体育经济学这门学科了。

（二）体育经济学研究的任务

1. 研究体育与经济的关系，阐明体育的社会经济价值

体育经济学在研究体育与经济的关系时，既要研究经济对体育的制约作用、决定作用以及体育如何适应经济的发展，更应着重研究体育对经济增长的促进作用，研究体育的经济功能和社会经济价值。体育的经济功能和体育的社会经济价值，两者既有联系又有区别。体育的经济功能是指体育运动在经济增长中的作用和对国民经济的影响，这是体育运动固有的本质功能所派生出的一种社会功能。体育的社会经济价值则反映了体育与人这一社会主体的关系，反映了体育在经济方面给社会主体——人——所带来的好处。离开了体育的经济功能当然谈不上体育的社会经济价值。揭示体育的经济功能，充分认识体育在经济增长中的作用，才能摆正体育在国民经济中的地位。

2. 揭示体育领域经济活动的特点和规律

体育事业是一项文化事业，体育部门是非物质生产领域的一个产业部门，其经济活动、经济关系有不同于其他物质生产部门的特点。体育经济学既要研究体育部门与其他部门的经济活动过程的共性，更应研究体育部门经济活动的特殊性。体育领域的经济活动和经济关系也是有规律的。经济规律是经济活动、经济现象内在的本质的联系，是经济过程固有的、稳定的必然联系。体育经济学研究体育领域的经济活动，就是要揭露体育领域经济过程的本质和经济规律的作用及表现。

在体育领域起作用的经济规律大体上有两类。一类是在整个国民经济中都起作用的经济规律，如社会主义基本经济规律、价值规律、按劳分配规律等。既然这些经济规律在整个国民经济中起作用，当然也在体育领域起作用。由于体育部门不是物质生产部门，因而这些规律在体育领域的作用必然会表现出若干特点。另一类经济规律是在体育领域起作用的特殊规律，它们反映体育领域经济现象的内在联系和发展趋势。这一类规律过去尚未被探讨过，随着体育领域内经济活动的日益频繁，人们可以通过大量的体育经济现象去揭示隐藏在其后面的经济规律。例如：体育受经济的制约，体育的发展必须与国民经济的发展相适应，体育事业内部各部分（主要是竞技运动与群众体育）必须协调发展，体育在经济增长中的作用逐渐增

大；体育事业资金来源多元化的原则，体育事业实行市场化、半市场化、非市场化三者并存的原则，体育服务生产的社会效益与经济效益辩证统一等。

3. 阐明提高体育部门经济效益的途径

研究体育领域的经济现象、经济活动，揭示体育领域经济规律的目的，就是要提高体育事业的经济效益和社会效益。无论干什么事都要讲求效益。体育部门为了向社会提供有用的业务成果，提供体育服务产品，也需要消耗劳动。体育经济学就是要研究如何以较小的消耗，获得更大的有用成果，这是发展我国体育事业的核心问题，也是体育经济学要研究的核心问题。只有深入探索体育领域的这些经济规律及其作用的特点，并自觉运用这些规律，正确处理体育领域的各种经济关系，改进体育事业的管理，改革体育体制和运行机制，充分发挥人、财、物的作用，才能有效地提高体育事业的效益，促进体育事业的发展和繁荣。

4. 探讨社会主义市场经济条件下我国体育部门的改革之路

我国体育部门的改革正在不断地深化。体育部门的改革究竟应该朝什么方向发展，应该通过什么方法和途径、制定什么政策与措施来进一步推进我国体育部门的改革实践并降低改革的成本，这一切均需要我们从理论上进行探讨并指导改革的实践。

三、体育经济学与其他科学的关系

体育经济学是在体育与经济的交叉和边缘地带成长起来的一门新学科，是体育学知识与经济学知识相互渗透的结果，是综合体育学知识与经济学知识的产物。

（一）体育经济学在经济科学中的地位

体育经济学具有经济科学的属性，是经济科学的一个分支。经济学包括的学科很多，大体可概括为理论经济学与应用经济学两个层次。理论经济学论述经济学的基本概念、基本原理，以及经济运行和发展的一般规律，为各个经济学科提供理论基础。在西方经济学中，理论经济学包括宏观经济学和微观经济学两个分支。马克思主义理论经济学就是政治经济学，是以人类社会的生产关系及其发展规律为研究对象的。应用经济学主要是以理论经济学的基本原理为基础，研究国民经济各部门、各个专业领域的经济活动，或对非经济活动领域进行经济效益、社会效益的分析，主要包括部门经济学和专业经济学。以国民经济某一部门的经济关系、经济活动及其特殊的经济规律为研究对象，阐明社会经济规律在该部门中作用的特点，如工业经济学、农业经济学、商业经济学等，属于部门经济学。国民经济运行中又有不同的领域，包括社会再生产过程中的各个领域、要素、环节，也各有不同的经济问题，以这些问题为研究对象就形成了若干专业经济学，如人口经济学、劳动经济学、生态经济学等。这些部门经济学和专业经济学都是以理论经济学的一般原理为基础，是经济科学体系中的分支学科。如果将体育视为一个特殊的文化部门，那么研究作为一种特殊文化领域内经济活动和经济现象的体育经济学，就是一门专业经济学；如果从产业分类的角度来看，体育事业作为第三产业中的一个部门，研究体育部门经济活动的体育经济学可视为属于部门经济学的一个学科。

体育经济学作为一门部门经济学或专业经济学，其具有以下两个基本特点。

一是交叉性或边缘性。体育经济学研究体育与经济的关系及体育领域的经济活动与经济关系，不仅需要经济学知识，也需要体育科学知识，这就必然使经济学知识、体育科学知识以及其他社会科学知识相互交叉和综合，因而体育经济学带有交叉性和边缘性。

二是应用性。体育经济学属于应用经济学层次，是理论经济学与经济活动实践之间的桥梁。在理论经济学指导之下，体育经济学从体育部门经济活动的实际出发，通过研究概括，使感性认识上升到理性认识，再用以指导实践，应用于实际工作，为制定体育事业的发展战略、方针、政策服务，为改革体育管理体制和改善经营管理服务。在体育经济学的研究中既有理论的探索，又有应用的研究，两者不能完全分开。体育经济学是体育领域经济活动的理论概括，既要研究体育领域的一些基本经济理论问题，又要用这些理论来分析接近实践层次的经济问题。在体育经济学初创时期，更应注重对体育领域经济活动的一些基本理论问题的研究。

（二）体育经济学在体育科学中的地位

体育经济学作为一门交叉科学、边缘科学，又具有体育科学的属性，是体育科学的一个分支学科。正在成长的体育科学体系包括众多的学科，可以有不同的分类标准和分类方案，如果粗略划分，大体上可以分为三类或三个学科群。第一类是体育自然科学，即运动人体科学，如运动生理学、运动解剖学、运动生物力学等，这些学科都是自然科学在体育领域衍生、分化的结果。第二类是体育社会科学，如体育社会学、体育伦理学、体育经济学等，这些学科是体育科学与不同的社会科学"杂交"的结果，也是社会科学在体育领域内衍生、分化的结果。第三类是运动竞技学科，如运动训练学、运动竞赛学及其他分项运动技术学科。在这些分支学科中，体育经济学与其他体育社会科学，主要是体育管理学、体育社会学等关系比较密切。

体育经济学与体育管理学既有联系又有区别。体育经济学研究的是体育领域的经济问题，体育管理学也要研究体育事业的经济管理问题。很多国家在相当长时间内体育经济学与体育管理学是结合在一起的，对体育运动中的经济问题的研究是体育管理学的一部分。这两门学科所研究的内容虽有交叉和重叠，但各自研究的角度不同。体育管理学是从管理学的角度来研究经济问题的，重点在于探讨体育事业优化的最佳的管理方式和方法，着重于应用研究和具体经济问题的对策研究；体育经济学则着重于理论上的研究，从较深的层次上探讨体育领域当事者的经济关系、经济活动的特点和规律。如对体育投资问题的研究，体育管理学从管理方法的角度着重研究体育资金如何筹集、管理、分配和使用等对策问题；从理论上探讨体育投资的性质、体育投资与国民经济的比例关系、体育投资增长变化的趋势以及体育投资的效益等问题。体育管理学是管理科学的分支，体育经济学是经济科学的分支，两者各有其重要意义，不能彼此互相取代。

体育经济学与体育社会学间也有密切的关系。体育运动中的经济问题是西方一些体育社会学著作研究的重要内容，但这两者之间也有明显的区别。体育社会学是从社会学角度来研究体育，它要研究体育与社会诸现象的联系，体育与经济的联系只是其中之一。体育经济学则从经济学角度来研究体育，专门研究体育与经济的联系及体育运动中的各种经济问题，对体育领域的经济现象和经济活动进行全面、系统的研究。因此，无论就广度还是深度来看，体育社会学对体育运动中经济问题的研究都远不如体育经济学。

四、研究体育经济学的意义

研究体育经济学是现代体育运动发展的需要，对我国体育事业的发展和体育改革的深化有着重要意义。

（一）明确体育在国民经济中的地位和作用

体育不但有健身、教育、娱乐的功能，满足人们身体的、精神的、交往的需要，还可以直接或间接地促进经济的增长。体育促进经济增长的作用是现代体育派生出的一种重要功能，是否有利于生产力的发展是衡量一切工作的根本标准。研究体育经济学，充分揭示体育对国民经济的影响和促进经济增长的作用，有助于正确认识体育在国民经济中的地位，改变那种认为体育部门是没有产出的纯消费事业的观念，纠正轻视体育和体育工作的思想。

（二）掌握经济规律在体育工作中的运用，有助于体育工作的宏观决策

体育事业的发展目标和发展战略，体育经费的来源、管理、分配和使用，体育经费在国民收入和国家财政支出中的比例，体育投资的效益等，都属于体育事业宏观管理上需要正确处理的问题。要处理好这些问题，正确做出宏观决策，不但要依体育规律办事，也要依经济规律办事。研究体育经济学，揭示体育领域内的经济规律，结合我国体育运动的实际情况和所处的经济环境，制定体育事业的有关经济政策，科学地处理体育工作宏观决策上的重大问题，可以防止体育工作的盲目性和随意性，加快体育事业的发展。

体育要发展，就必须改革我国原有的体育体制和运行机制。我国体育事业原有体制的弊端体现在以下几个方面：一是没有充分发挥社会各方面办体育的积极性；二是没有发挥市场机制的作用；三是体育系统仍旧存在着"大锅饭"、"铁饭碗"，没有能充分调动体育部门劳动者个人和单位积极性的体制。改革体育事业的体制和运行机制，就是要建立与社会主义市场经济相适应的体育体制和运行机制，调动体育部门工作人员和社会各方面的积极性，妥善处理各方面的经济利益。为此，就必须研究体育经济学。

（三）增强体育部门工作人员经济观念，重视经济问题

体育事业与教育、文化、卫生等事业一样，都应该把社会效益放在首位。但这并不意味着这些事业不必关心自身的经济效益，不必关心其向社会提供的有用成果的数量及其人力、财力、物力的耗费。体育部门不但要讲求社会效益，也要讲求经济效益，努力提高投入与产出之比，为社会提供质量更好、数量更多的体育服务。只有不断提高体育部门的经济效益，才能更好地发挥体育投资的社会效益。研究体育经济学有助于克服那种不

算经济账、不讲效益、不计消耗、不注意节约的思想，牢固树立产业意识、市场意识、经营意识，增强经济观念、效益观念，使体育部门工作人员在业务工作中注重经济分析、改善经营管理，厉行节约，反对浪费，提高人、财、物的使用效率，以等量的投入获得更大的产出。

（四）繁荣我国的经济科学和体育科学

研究体育经济学还有其理论上的意义。党的十一届三中全会以来，我国经济科学空前繁荣，新的分支学科不断出现。经济科学与其他科学交叉形成的新学科也不断地成长起来，包括教育经济学、卫生经济学、文化经济学等在内的一系列新学科先后问世。有几亿人口参加活动，每年投入大量人力、物力的体育事业，其经济问题的研究也不能是一个空白。体育科学与有关的社会科学、人文科学的交叉研究正在加强，运用哲学、社会学、历史学、管理学、法学、美学等理论和知识研究体育领域问题已成为一股潮流，体育史学、体育社会学、体育管理学、体育哲学等新学科已经破土而出。体育经济学的创立无论对于经济科学还是体育科学，都将填补这方面的空白。研究体育经济学，将从经济学的角度对体育这一文化现象及体育事业进行剖析，探讨体育的属性和功能、体育的社会经济价值、体育发展的动力、经济对体育的制约以及体育对经济发展的影响。对这些问题的探讨和研究，可以为体育社会科学其他学科的研究提供思路，有助于体育社会科学的发展和体育科学体系的建立。

第三节　体育经济学研究的内容和方法

一、体育经济学研究的原则

（一）客观性原则

辩证唯物主义要求研究问题时应坚持客观性原则，从实际出发，实事求是。这是研究体育经济学必须遵循的一条辩证唯物主义原则。调查研究是实现理论与实践相结合的重要途径，是连接理论与实践的中间环节。研究体育经济学必须从客观事实出发，注重调查研究，详尽地占有资料。这些资料可分为两类：一类是客观事实和量化的数据；另一类是思想材料，即前人或其他人研究体育经济问题的理论和观点，包括经济学界和体育界的学术理论观点。

理论研究过程就是对占有的资料进行分析、整理、判断、思考的过程，这就要求运用科学的抽象方法，去粗取精，去伪存真，舍掉现象中次要的表面的因素，揭示经济现象的本质和内在规律。在研究过程中坚持客观性原则就是要不唯上，不唯书，排除主观偏见。坚持以客观存在的事实为依据，坚持以实践为检验真理的唯一标准，不断以经过实践检验和科学论证的新观点来充实体育经济学这门新学科。

（二）系统性原则

辩证唯物主义认为，自然界和社会都是由无数相互依存的因素构成的系统。

系统性原则要求在研究工作中采取系统的方法。系统方法的特征就在于从系统的整体性出发，把分析与综合、分析与协调、定性与定量结合起来，精确地处理部分与整体的关系，科学地把握系统。体育经济学从整体出发，就是要把体育看成是社会大系统中的一个子系统，而体育自身也是由多种元素组成的具有整体性、结构性、层次性的系统。由于系统内各个元素不是互不相关的独立存在，因此要分析系统内各个元素之间的联系和相互作用。比如，研究我国体育运动发展的速度、规模和战略目标，就不能离开我国社会经济发展的大环境，不能离开对社会主义初级阶段经济、政治、文化等现状的分析。由于系统和构成系统的元素是不断运动变化的，因此在研究体育领域的经济问题时，还要注意系统内部因素和外部环境的变化，要研究新情况，分析新问题。

（三）一般与个别辩证统一的原则

唯物辩证法认为，任何事物和现象都具有个性，这种个性或者说特殊性使事物和现象彼此区别开来。一切事物或同类事物中又贯穿着一般的共同属性，这种共性或一般性使事物相互联结，并具有共同的规律性。无论是认识事物的共性还是个性，无论是同中求异还是异中求同，都需要进行比较。比较方法是唯物辩证法的具体运用，是理论研究的基本方法之一。比较可以是纵向比较，即同一国家和地区的不同时期或不同发展阶段的比较；也可以是横向比较，即同一时期或同一发展阶段内不同国家或不同地区之间的比较。无论哪种比较，都要顾及事物存在的具体时间、地点、条件，对它们的情况、经验、理论、制度进行具体分析，这样才能作出判断和分析。要区分哪些因素是可比的，哪些因素是不可比的。在比较研究中，对国外一切科学的、有用的经验和观点应当实事求是地肯定，认真借鉴和汲取。但由于各国国情不同，对西方的理论观点和做法不能照抄照搬。既要有批判扬弃，又要有借鉴吸收。对于西方体育产业的内涵、体育经费在国家财政支出中的比重，以及体育产业的投入与产出等资料数据，也应认真分析。由于各国国情不同，许多指标、数据的含义、统计口径和统计方法不尽相同，在比较分析时应予以注意。

二、体育经济学研究的主要内容

体育经济学的研究对象是研究内容的概括和抽象，体育经济学研究的内容则是研究对象的展开和具体化。在一定意义上可以说两者是同一问题的两个层次，只是概括、抽象的程度不同。从我国体育经济的实践和研究的进展来看，体育经济学研究的主要内容有以下 6 项。

（一）体育与经济的关系

主要从宏观上探讨体育与经济的相互关系。一方面阐明经济是体育发展的基础，经济在生产力与生产关系两个方面对体育产生制约作用，无论是体育发展的规模、水平还是其体制和运行机制，都必须与经济相适应。另一方面要研究体育对国民经济的多方面的影响，揭示体育的经济功能和社会经济价值以及体育在促进经济增长中的作用。

（二）体育产业与体育服务产品

主要研究体育部门是否具有生产性质，为什么体育部门是一个服务产品的生产部门，为什么体育是一项产业，体育产业形成的条件和标志是什么，体育产业为什么属于第三产业，肯定体育是一项产业有什么意义，以及体育产业提供哪些产品及其特点等。

（三）体育消费

主要研究体育消费的含义，体育消费在社会消费结构中的地位，体育消费的性质和特点，体育消费的分类，体育消费的效益，衡量体育消费水平的指标体系，影响体育消费水平的因素，以及我国体育消费增长变化的趋势等。

（四）体育服务商品与体育商业化

主要研究体育服务成为商品的原因和条件，体育服务商品的范围和途径，价格与体育服务商品供求的关系，以及体育商业化趋势及其利弊等。

（五）体育资金的来源及效益分析

主要研究世界各国体育资金的来源，社会主义市场经济条件下我国体育经费的筹措、分配和使用，体育投资经济效益的含义、特点及评价指标，提高体育投资经济效益的意义和途径等。

（六）体育工作者劳动的特点及报酬形式

主要研究体育部门劳动的特点，体育部门劳动者的结构和素质要求，体育部门劳动效率的评价及提高劳动效率的途径，体育产业中个人消费品分配的形式，如何评价教练员、运动员的劳动贡献及劳动特点等。

三、体育经济学研究的方法

除运用社会科学的一般研究方法外，还应注意以下几个结合。

（一）规范方法和实证方法相结合

采用规范方法主要是从给定的前提出发合乎逻辑地推演出结论，把注意力集中在研究对象"应该怎样"上。这种基于严格的理论的逻辑推导的研究方法当然是必要的，但也是不够的。例如，研究在社会主义市场经济条件下体育与经济的关系"应该怎样"，而对体育与经济关系的现实状况，缺乏研究。为了完成改革的历史任务，研究方法应逐步实证化。实证方法要求首先弄清现在的实际状况"是什么"，对客观存在的事实及其内在的联系如实地加以描述和说明。没有这种描述和分析，不弄清现实状况"是什么"，对客观存在的实际事实和关系就没有清晰的概念，因此应注意更广泛地运用实证方法。马克思曾指出："只有抛开互相矛盾的教条，而去观察构成这些教条的隐蔽背景的各种互相矛盾的事实和实际的对抗，才能把政治经济学变成一种实证科学。"[①]这段话对体育经济学的研究也是完全适用的。因此，体育经济学的研究要重视运用实证方法，把规范方法和实证方法更好地结合起来。

（二）定性分析与定量分析相结合

任何经济现象都有质和量两个方面，都是质和量的统一。因此，在体

---

① 马克思，恩格斯. 资本论[M]. 北京：人民出版社，1976，第 285 页.

育经济学的研究中既要研究经济现象的质，进行定性分析；又要研究事物的量，进行定量分析。定性分析是定量分析的前提，没有正确的定性分析，定量分析就会迷失方向；定量分析则为定性分析提供材料和依据，使定性分析更加准确，深化对事物性质的认识。定量分析就是要用数学方法研究数量关系、数量变化，以分析事物的发展趋势和规律性。经济学的规律很多是统计规律，很大程度上表现为数量关系的变动。体育经济学的正确结论应当是对经济现象数量关系的准确概括。因此，应当学会并广泛运用数量分析的方法，把定性分析与定量分析很好地结合起来。

（三）宏观分析与微观分析相结合

对体育运动中经济问题的分析，从范围上划分大体可分为两个层次，即宏观分析和微观分析。宏观分析就是从全社会，或从体育事业的总体来分析体育经济问题。例如，从总体上研究体育与经济的关系、体育在国民经济中的地位和作用、国民经济对体育发展的制约、社会经济发展对体育需求的变化、社会主义市场经济条件下体育运行机制的特点等，都属于宏观层次研究的问题。微观分析是以某一个或某一类体育机构，如体育场馆、体校、运动队、体育俱乐部、体育企业等为单位，或以家庭、个人为单位，分析体育运动中的经济问题，如个人和家庭对体育需求的变化，体校、体育场馆、运动队、体育俱乐部的投入与产出，体育经费的来源、管理、分配与使用等。宏观分析与微观分析的对象是一致的，只是两者研究的范围与角度有所不同。只有把宏观分析与微观分析结合起来，才能深入把握体育运动中经济活动的规律性。

（四）经济分析方法与体育分析方法相结合

体育经济学的研究对象是体育运动中的经济活动、经济关系，这里既有体育现象又有经济现象，两者是相互联系、相互交叉的。研究对象的这一特点决定了体育经济学是一门"两栖"学科。因此，在研究方法上既要采用经济学的研究方法，又要采用体育科学的研究方法。要学会在体育经济学的研究中把这两种方法结合起来。与此同时，还应当吸收社会学等社会科学的一般研究方法，逐渐形成一个体育经济学研究方法的体系。

第二章 体育市场的供给与需求理论分析

第一节 体育市场的供给

一、体育市场供给的内涵

体育市场的供给是指生产者在一定时期内，在每一价格水平下愿意而且能够提供体育产品的数量。体育市场的供给符合经济学理论中"供给曲线向上倾斜规律"，即当一种体育产品的价格上升时（同时其他条件不变），生产者趋于生产更多的数量；同理，当该体育产品的价格下降时，（同时其他条件不变），供给量减少。例如，当户外休闲运动产品的价格上升时，每个户外休闲运动机构或相关机构都具有提供更多该产品的动力，同时，其他机构或厂商具有停产现有体育产品而转产提供户外休闲运动产品的动力。

二、体育市场供给的特点

（一）体育市场供给具有很强的专业性

体育产品的提供者必须具备运动及其相关的专业知识和技术能力，只有经过专门的培训并取得资格证书，具备良好的技能和职业道德，并且获得相关部门认定的准入资格者才能成为体育产品的提供者，例如裁判员要经过裁判资格考试，教练员要经过教练资格考试等。体育市场供给的专业性还体现在体育行业自治方面。一般认为，体育自治原则是体育行业协会内部自律性治理行为的准则。该准则在全国单项体育协会领域充分适用，以《中国足球协会章程》规定为例：中国足球协会各会员协会、会员俱乐部及其成员，应保证不得将他们与中国足球协会、其他会员协会、会员俱乐部及其成员的业内争议提交法院，而只能向中国足球协会仲裁委员会提出申诉。这在一定程度上体现了体育行业供给的特殊性和专业性。

（二）体育市场供给的确定性与不确定性

一般而言，有什么样的场馆设施、教练员，就可能会提供什么样的健身产品，供给表现为相对确定。但对于观赏性体育产品供给而言，即便是拥有最好的场馆设施、教练员和运动员，也不可能提供确定的产品，观赏性体育产品的生产取决于竞争对手的竞争状态与竞争实力。

（三）体育市场供给主体多元化

如前所述，体育产品具有公共产品与私人产品双重性，体育市场供给呈现出政府、社会和企业共同承担的多中心供给模式。以公共体育场（馆）为例，目前主要有三种供给模式。

政府供给模式：政府全额承担或主要承担对公共体育场（馆）的投资与管理，体育场（馆）的建设主要依靠国家的公共财政拨款。

私人供给模式：公共体育场（馆）的城市基础设施采用市场化商业运作形式，私人机构和企业作为公共体育场（馆）的运营主体，主要采用私人资本投资和委托经营等商业化市场运作手段实施运营管理，同时，自担投资和经营风险。

联合供给模式：指以政府和私人组织为主体，共同向市场供给体育场（馆）设施。政府主要采取土地划拨捐赠和减免相关税收的形式承担有限投资，而私人资本主要对体育场（馆）设施项目能产生利润的部分进行融资和投资，并在市场化商业运作的基础上对城市公共体育场（馆）的运营实现保值和增值。这样，政府与私人投资者共担投资风险和社会责任，共享投资收益。在实践中主要通过建设—经营—转让（BOT 模式）、建设—转让—经营（BTO）、建设—拥有—经营（BOO），公共—私营—合作制（PPP）等形式来完成。

（四）体育市场供给存在买方垄断和卖方垄断

以职业体育联赛为例，当参赛俱乐部与职业体育联盟产生利益冲突时，职业体育联盟有趋向获得垄断权力的动机；为了减少运动员的讨价还价能力，职业体育联盟制定并执行各种运动员转会制度和规则；为了减少俱乐部之间的产量竞争，职业体育联盟限制和规定各个赛季举办比赛的次数和各分区允许参赛的队数；为了限制价格竞争，职业体育联盟往往是国家层面电视转播权的唯一谈判人；为了推进联赛的长期发展和稳定，职业体育联盟制定各种交叉补贴分配制度。这种限制价格、质量、产量、服务或者创新的种种措施，如果是发生在一般企业，必定是一种限制正常市场竞争的行为，会受到政府管制或法律制裁，但职业体育联盟却在一定程度上获得认可。

三、影响体育市场供给的主要因素

考察供给曲线决定因素的基本点在于：生产者提供体育产品是为了利润，而不是为了乐趣。例如，在健身娱乐产品价格较高时，厂商会提供更多的此类产品，因为这样会更加有利可图；相反，当健身娱乐产品的价格下降到生产成本以下时，厂商就会转向其他的产品。因此，决定体育市场供给的一系列因素包括体育产品价格、生产成本、生产的技术水平、相关物品的价格、生产者对未来的预期以及政策因素等。

（一）体育产品的价格

体育产品价格越高，生产者提供的产品就会越多；体育产品价格越低，生产者提供的产品就会越少。体育产品的价格变动会引起供给量的变动，供给量沿着一条既定的供给曲线移动。例如在我国健身器材的发展初期，产品价格较高，技术含量较低，很多生产汽车轮胎、羽毛球、教学设备的小型企业转产健身器材，从而导致产量增大；反之，当健身器材价格较低时，生产者认为无更多的利润可赚取，就会相应地降低产量，或转而寻求生产其他高价位的产品。

（二）生产成本

在体育产品自身价格不变的条件下，生产成本上升会减少利润，从而使得产品的供给量减少；反之，生产成本下降会增加利润，从而使得产品的供给量增加。体育厂商用来生产体育产品的要素包括运动员、教练员、管理人员以及运动场（馆、池）、运动设备、运动用品等。一般而言，产品价格不变的前提下，投入成本越高，利润就越低，供给量就越少（体育市场的供给曲线向左移动）；如果投入成本降低，利润将升高，供给的数量将增多（体育市场的供给曲线向右移动）。例如组织一场赛事的成本越高，则愿意组织赛事的企业就越少。

（三）生产的技术水平

在一般情况下，生产技术水平的提高可以降低生产成本，增加生产者的利润，生产者愿意提供更多的产量。通过机械化制造体育用品的厂商所提供的产量要比运用手工制造体育用品的厂商所提供的产量多。为更好地为日益蓬勃发展的体育行业服务，体育赛事转播公司积极探索多屏体验、新一代广播平台、互联网电视等技术，以期为观众带来更多更好的赛事转播，这可以极大地促进体育市场供给量的增加和质量的提升。

（四）相关物品的价格

相关物品主要有两大类：一类是联合副产品，另一类是其他相关产品。体育商品更多的是为了满足人们精神需求的产品，在生产过程中也会生产出许多副产品，如新闻、信息、竞赛名称、指定产品、竞赛标志等。与体育商品相关的其他产品也属于满足人们精神需求的产品，如文学艺术、休闲娱乐等。当前，我国国民收入水平以较快速度提高，消费总量也快速增长，消费结构发生了巨大的变化（满足精神需求的非物质商品消费增速加快）。当体育商品供给量与闲暇商品供给量趋于均衡时，相关商品的价格变动会影响体育商品的供给量。其作用机制是相关商品价格提高，生产此类商品的利润就会提高，如果体育商品价格不变，体育商品生产投资将会减少，供给量会下降。反之，体育商品供给量增加。在一种商品的价格保持不变，而其他相关商品的价格发生变化时，该商品的供给量会发生变化。例如，对于某个健身俱乐部而言，搏击操价格上升而健美操的价格保持不变，健身俱乐部就有可能增加搏击操的开班次数、时间，而减少健美操的开班次数、时间；或是调整时间段，利用黄金时间段开设搏击操课程。

第二节　体育市场的需求

一、体育市场需求的内涵

体育市场的需求是指消费者在一定时期内，在每一价格水平下愿意而且能够购买体育产品的数量。根据这个定义，我们可以知道，如果消费者对某种体育产品只有购买的欲望而没有购买的能力，也不称作需求。需求必须是既有购买欲望又有购买能力的有效需求。对于体育市场的需求而言，尤其是对那些参与类体育市场需求，掌握必备的运动技能也是至关重要的。

体育市场的需求=购买欲望+可支付能力+可支配时间+运动技能

体育市场的需求符合经济学理论中的"需求曲线向下倾斜规律"，即当一种体育产品的价格上升时（同时其他条件不变），消费需求量减少。同理，当该体育产品的价格下降时（同时其他条件不变），消费需求量增加。例如，当某健身俱乐部将年卡价格从 4 500 元降为 3 000 元时，会有更多的消费者购买该健身俱乐部的年卡；但若将年卡价格从 3 000 元上涨为 4 500 元时，则购买该俱乐部年卡的消费者数量减少。

二、影响体育市场需求的主要因素

体育市场的需求尤其是体育赛事的需求，不仅受需求分析中典型的经济学变量（价格和收入）的影响，还同时受其本身的特征（质量、结果不确定性等）的影响。尤其在职业体育领域，对一般企业而言，假如不考虑反垄断法律，对于那些无论是追逐利润最大化还是成长最大化的公司而言，最理想的状态是获取垄断。但一个资金充裕的球队不应该"积累"球星到一种大大减少竞争对手的程度，如果一支球队真的将所有的优秀球员集中在一起，其结局不是显赫的声誉、巨额的收益，而是将最终失去比赛，失去观众。

（一）市场规模

市场规模越大，则市场需求量就越大；相反，市场规模越小，则市场需求量就越小。这里所说的市场规模与市场大小有着密切关系。所谓市场大小指的是市场的边界，既包括地理边界又包括产品范畴。对体育产品而言，在一线城市就要比在二三线城市的市场大，而热门运动项目的市场也要比冷门运动项目的市场大。

在实际研究中，市场规模与市场需求量可能出现负向关系，这可能与市场规模的衡量标准有关。例如在市场规模对于现场观众的影响研究中，如果仅仅采用俱乐部所在城市人口来评估现场观众人数可能就不够准确。因为拥有更多人口的城市不一定意味着球迷就多，大区域往往聚集着多个联盟的球队，不同联盟之间存在一定的可替代性；而对于小区域来讲，往往只有一两支俱乐部入驻，反而使得现场的球迷要多于大区域。

（二）体育产品价格

体育产品的价格变动会引起产品需求量的变动，需求量沿着一条既定的需求曲线移动。在通常情况下，体育产品的价格与需求量成反比关系。但在体育赛事中，关于门票价格对观众参与的影响，研究结果存在很大的分歧。按照传统理论，如果门票价格上涨，前往体育场馆观看比赛的人数必然会减少，需求价格弹性表现为缺乏弹性，而且会十分明显。但实际研究显示，尽管门票价格和观众出席人数成负相关关系，但表现得并不明显。这里主要存在两个问题：一是票价不代表真实的消费者支出，因为互补商品的价格没有被考虑在内，如停车费用、交通费用、比赛观赏中消费的物品或饮品等。二是同一个赛事，不同的体育场座位会有不同的价格，这就使得准确衡量消费者票价成为难题。在这种情况下，研究者通常采用三种办法衡量票价：①可供出售的门票均价（根据出售的不同类型门票进行加权或者不加权计算）；②已售出门票的均价；③所有可供出售门票的最低票价。

（三）消费者偏好

从需求发展的一般规律看，人们的需求首先表现为对满足生存需要的生活必需品的需求。在满足生存需要的基础上，然后形成对享受类产品和发展类产品的需求。在通常情况下，人们将体育健身描述为满足生存需要的需求，而将观赏赛事、参与极限运动等视为享受类或发展类产品的需求。因此，当人们的生活水平还处于较低层级时，人们倾向于生活必需品的需求，市场上体育消费者的数量较少，则体育市场的需求就少；而当人们的生活水平满足基本需求之后，人们倾向于享受型和发展型需求时，市场上体育消费者的数量增多，则体育市场的需求就多。

消费者对体育产品的偏好程度受到许多因素的制约，主要包括全社会对体育运动的重视程度、体育传统项目、体育教育水平、新闻媒体对体育的宣传力度、体育产品的质量、服务水平以及政府政策等。就我国而言，足球、篮球、乒乓球、羽毛球、排球、武术等许多项目有较好的群众基础，消费者偏好程度高，对这些项目开展职业联赛非常有利。消费者对体育产品的偏好程度在不同时期也会发生转变，曾经是"贵族运动"项目的保龄球、网球现在已经成为大众喜闻乐见的运动项目，而当前仍然是"贵族运动"的高尔夫球、赛车、赛马等项目也逐渐为民众重视，需求量上升。此外，年龄、性别和地区的差异，致使消费者的偏好程度有所不同，从而导致不同的消费需求。

（四）消费者收入

消费者的收入水平会影响体育市场的需求。在一般情况下，收入越高的人越能通过购买来满足自己的欲望。对于体育市场而言，不同收入水平的消费者购买的产品存在一定的差异性。高收入人群倾向于休闲度假、赛马、赛车、高尔夫、游艇、游泳等体育产品的消费，倾向于在贵宾包厢中现场观看赛事；健身俱乐部、骑行俱乐部等主要满足中等收入人群的需求；低收入人群则倾向于到公园、操场等免费公共场所进行消费。

当然，在谈论收入与体育市场需求的关系时，体育产品是正常商品或劣等商品的议题经常是公开讨论的。研究者通常采用人均收入作为估计变量，但根据实际需要，也可采用家庭收入、实际消费支出、月薪等指标予以衡量。收入对于观众参与的影响，有些时候会得出某项体育比赛是正常商品，而有些比赛则是劣等商品的结论。例如诺尔（Noll）的研究显示，棒球是劣等商品；福特（Fort）和罗斯曼（Roseman）的研究则显示，美国棒球在美国联盟中属于劣等商品，而在国家联盟中则不是；对卡亨（Kahane）和曼斯克（Shmanske）来说，棒球有着正的收入弹性。珀西斯（Putsis）和森（Sen）研究显示，收入会推动美国职业橄榄球季票销售的增长，但却降低了单场门票的销售。

（五）闲暇时间

闲暇时间是影响体育市场需求的一个重要因素。无论是参与一个运动项目还是到现场观看一场比赛或者在电视前观看一项赛事，都需要支付时间成本。从经济学视角看，体育市场的需求取决于消费者闲暇时间状况。闲暇时间多，则体育市场的需求量多；闲暇时间少，则体育市场的需求量少。现代化、高科技发展以及政府对于闲暇时间的调控，使得越来越多的人拥有了更多的自由支配时间，这也是体育市场的需求者越来越多的原因之一。

（六）机会成本

消费者参与体育运动、观看体育赛事可能还包括其他成本。引发这些成本的因素包括天气、电视转播、比赛的日期和时刻、与其他比赛项目的冲突以及参赛两支球队之间的距离等。

在通常情况下，好天气可以促使大家积极参与户外体育运动，坏天气则会减少参加户外体育运动的机会。观赏赛事也是如此。研究发现，在烈日炎炎下，橄榄球赛事的观众会减少，而室内运动项目比赛即使在寒冷的天气，需求量也可能不会降低。

体育比赛的电视直播会影响观众参与。班布里奇（Bainbridge）在研究中发现现场直播或者通过卫星直播的比赛，会对其现场观众数量形成显著的负影响；布莱斯（Price）和森（Sen）的研究则显示，体育赛事直播对观众参与会产生正效应，因为电视直播也可以作为一种有效的宣传手段，是对体育运动比赛的广告宣传。

许多球迷会追随球队到客场去观赛。体育迷是整个体育产业的基础，正如泰勒（Taylor）指出的那样，"体育迷是所有体育比赛产生价值的关键力量"，特别是那些全身心投入的体育迷们，他们几乎是体育生产者最看重的消费者。这些体育迷们通常都会购买季票、观赏比赛、支付停车费、在体育馆附近餐厅消费，即便他们不选择去现场观赛，也会观看付费比赛直播，购买球衣、球鞋、队旗等。对于他们而言，很难在市场上找到其钟爱的球队或球员的替代品，主队的输赢不会对他们的支持行为产生太大的影响，往往是球队走到哪里，他们就跟到哪里。当然，对那些"晴雨表球迷"而言，比赛距离和比赛结果不确定是影响其观看赛事的因素。在通常情况下，距离被估计为负系数，客场比赛距离越远，则随同的球迷人数就越少；比赛结果越不确定，则观看比赛的人数就越多。

（七）预期产品质量

产品质量是影响观众参与的一个重要因素，对球队未来获胜的预期判断将直接影响消费者是否购买门票。凯恩斯（Cairns）通过成功可能性（主场胜利）对这一变量的效应进行了研究，成功可能性对观众参与有着积极的影响。在其他条件不变的情况下，对主队水平期望值越高，成功可能性就越高，需求就越大。另一方面，尽管客队可能水平也很高，导致主队成功性较低，但由于对高水平赛事的期望值升高，在替代机制的作用下，需求仍然会增加。

库佩斯（Kuypers）提出了评估预期质量的指标，主要包括竞技水平、对比赛的兴趣、参赛队伍现有构成情况和比赛结果的不确定性等。

球队的竞技水平主要取决于国际球员或者明星球员的数量，以及明星教练员的执教等。

对一些观众而言，对特定比赛的兴趣将促使他们的积极参与，如同城球队的"德比之战"。

分析参赛队伍现有构成情况则更多以现有两支队伍的最新赛绩、相互交锋次数和成绩等作为判定标准，从而估计比赛的未来质量和水平。预期交锋越激烈、竞赛水平越高，观众参与的人数就越多。

比赛结果的不确定性也会对观众参与产生积极影响。自北美学者罗滕伯格（Rottenberg）首次提出"比赛结果的不确定性是吸引观众持续关注比赛的核心"观念以来，现场观众与比赛结果不确定性假设之间的验证受到了众多学者的青睐。研究者往往采用竞争实力均衡作为衡量比赛结果不确定性的指标。一个广为接受的衡量单个赛季竞争实力均衡的指标是获胜百分比（WPCT）的标准差。

（八）替代品与互补品

在体育市场中，存在很多类型的替代品，运动爱好者可以去经营性体育健身场所，也可以到公共球场、马路边、公园内、学校、社区等诸多可以健身的场所。此外，一些学校、单位的健身场所也实行有偿对外开放，其价格显然与经营性体育健身场有所不同，有些学校和单位则把这些设施当作员工的福利而对内实行免费开放。因此，这些健身场所价格的高低将直接影响到经营性体育健身场馆的需求量。在体育市场中，其他互补品或额外的超值成本也会影响消费者的体育市场需求。例如滑雪，花费包括门票、使用时间、教练费用、交通费和食物等成本，也就是说，即便滑雪项目价格保持固定，其他相关项目价格的改变也可能会使整个需求曲线发生移动。

在实际研究中，研究者通常将前往体育场馆的交通费用或者球迷支出指数（Fan Cost Index）作为变量，综合考虑影响观众现场观看比赛的因素。其他休闲活动、同一城市同一项目不同等级运动队的存在或者同一城市不同运动项目的比赛这些替代性商品往往被当成虚拟变量。在大多数案例中，这些替代品的系数为负数，这表明其他休闲活动或者其他比赛会对观众参与产生反向的影响。

第三节　体育市场的均衡与弹性分析

一、体育市场均衡

（一）体育市场均衡的内涵与均衡价格

均衡是经济学中一个广泛应用的重要概念。均衡是指经济事物中有关的变量在一定条件的相互作用下所达到的一种相对静止的状态。在微观经济分析中，市场均衡可以分为局部均衡和一般均衡。局部均衡是就单个市场或部分市场的供求与价格之间的关系和均衡状态进行分析。一般均衡是对一个经济社会中所有市场的供求与价格之间的关系和均衡状态进行分析。

因此，体育市场均衡是指不同体育产品的买者和卖者之间的一种平衡。所谓体育市场均衡价格则是指一种体育产品的需求价格和供给价格相等时的价格。在均衡价格水平下，相等的供求数量被称为体育市场均衡数量。从几何意义上看，一种体育商品市场的均衡出现在该商品的市场需求曲线和市场供给曲线的交点上，该交点称为均衡点，均衡点上的价格和供求量分别称为均衡价格和均衡数量。

运动项目培训市场的均衡价格表现为该培训市场上需求和供给这两种相反的力量共同作用的结果，它是在市场供求力量的自发调节下形成的。例如，当一个运动项目培训的市场价格为30元时，这一价格高于均衡价格，市场需求量为20人，供给量为80人，这种供给量大于需求量的商品过剩的市场状况，一方面会使需求者压低价格得到其要购买的商品量，另一方面，又会促使供给者减少商品的供给量。这样，该运动项目的培训价格必然下降，一直下降到均衡价格15元的水平。与此同时，随着价格由30元下降为15元，商品的需求量从20人上升到40人，培训的供给量逐步地由80人减少到40人，从而实现供需相等的均衡数量。相反地，当培训价格为5元时，培训的需求为60人，供给量只有20人，这种需求量大于供给量的培训短缺市场状况，一方面会迫使需求者提高价格来得到他所要购买的服务，另一方面又会促使供给者增加服务的供给量。这样，该运动项目的培训价格必然上升，一直上升到均衡价格15元的水平。在价格由5元上升到15元的同时，培训的需求量逐步从60人减少为40人，培训的供给量逐步由20人增加到40人，最后达到供需相等的均衡数量。

由此可见，如果价格高于均衡价格，则消费者太少；如果价格低于均衡价格，则消费者太多。只有当价格等于均衡价格时，需求与供给才相等。从这个意义上讲，当价格为均衡价格时，消费者与培训机构的行为才是一致的，这就是培训市场的均衡价格，其他体育市场也一样。

（二）体育市场均衡价格的变动

由于体育商品的均衡价格是由该商品市场的需求曲线和供给曲线的交

点所决定的，因此，该商品需求曲线或供给曲线位置的移动都会使得均衡价格水平发生变动。

为了更清楚地了解体育商品均衡价格是如何变动的，首先要分析该商品需求变动的影响：在供给不变的情况下，体育商品需求增加会使得体育市场需求曲线向右平移，从而使得均衡价格和均衡数量都增加；体育商品需求减少，会使得需求曲线向左平移，从而使得均衡价格和均衡数量都减少。

再分析供给变动的影响：在需求不变的情况下，体育商品供给增加会使供给曲线向右平移，从而使得均衡价格下降，均衡数量增加；同理，体育商品供给减少会使得供给曲线向左平移，从而使得均衡价格上升，均衡数量减少。

总而言之，在其他条件不变的情况下，体育商品需求变动分别引起均衡价格和均衡数量同方向的变动；体育商品供给变动分别引起均衡价格反方向的变动和均衡数量同方向的变动。

二、体育市场中的供给弹性与需求弹性

（一）供给弹性

体育商品的供给弹性表示在一定时期内一种体育商品供给量的相对变动对于该商品价格的相对变动的反应程度，它是体育商品的供给量变动率与价格变动率之比。

假定体育商品供给函数为 $Q = f(P)$，ΔQ 表示供给量的变动，ΔP 表示价格的变动，以 E_s 表示供给弹性系数，则供给弹性的公式为：

$$E_s = \frac{\dfrac{\Delta Q}{Q}}{\dfrac{\Delta P}{P}} = \frac{\Delta Q}{\Delta P} \times \frac{P}{Q}$$

假设某体育商品的线性供给函数为 $Q_s = -2000 + 50P$，则：

$$E_s = \frac{\Delta Q}{\Delta P} \times \frac{P}{Q} = \frac{Q_b - Q_a}{P_b - P_a} \times \frac{P_a}{Q_a} = \frac{1000 - 500}{60 - 50} \times \frac{50}{500} = 5$$

供给弹性根据区值也可分为 5 个类型：若 $E_s > 1$，表示富有弹性；若 $E_s < 1$，表示缺乏弹性；若 $E_s = 1$，表示单一弹性；若 $E_s = \infty$，表示完全弹性；

若 E_s=0，表示完全无弹性。

体育商品的供给弹性存在多样性，对于明星运动员而言，其供给弹性为零；在劳动力市场中，运动员的供给弹性一般要小于一般产业部门的劳动力的供给弹性。

1. 影响供给弹性的因素

（1）生产限制。

一般来说，容易生产且生产周期短的商品，供给弹性大；反之，不易生产且生产周期长的商品供给弹性小。羽毛球培训价格上升可以导致产量的大幅度上升，这表明其供给弹性相对较大；高尔夫运动即便价格急剧上升，由于受到生产能力的限制，其供给也只能增加少许，这就是供给缺乏弹性。

（2）生产要素的供给弹性。

商品产量取决于生产要素的供给，生产要素供给弹性大的商品，商品的供给弹性也大；反之，生产要素供给弹性小，商品的供给弹性也小。对于职业赛事而言，职业运动员的供给弹性小，则职业赛事的供给弹性小；业余赛事运动员供给弹性大，则业余赛事的供给弹性大。

（3）时间成本。

在众多影响供给弹性的因素中，时间因素是一个很重要的因素。当商品的价格发生变化时，厂商对产量的调整需要一定的时间。在很短时间内，健身俱乐部若要根据健身服务的涨价及时地增加产量，或者根据健身服务的降价及时地缩减产量，都存在不同程度的困难，相应地，其供给弹性就比较小。然而，随着时间的推移，健身俱乐部可以雇用更多的教练员、管理人员，租用或建造新的健身场所以及扩大生产能力，这样，健身俱乐部的供给弹性就会变得较大。

（4）生产成本。

如果产量增加只引起边际成本轻微的提高，则意味着厂商的供给曲线比较平坦，供给弹性比较大；相反，如果产量增加引起边际成本较大提高，则意味着厂商的供给曲线比较陡峭，供给弹性比较小。

（5）生产的技术情况。

知识或技术密集型的体育企业，由于劳动力培养所需要的时间较长，所以其供给弹性较小；劳动密集型的体育企业，由于劳动力不需要培训或者培训不需要太长时间就可以投入生产，所以其供给弹性较大。

2．弹性与税收

在很多国家，往往会对马术、游艇、私人飞机等这类奢侈品征收奢侈品税。支持这项税目的人认为，这些奢侈品全部由富人消费，其税收也必然由富人承担。向富人征税以补助低收入者，平等又合理。但实施这一税收之后，反对者并不是富人，而是生产这些奢侈品的企业与工人，其中大部分是需要帮助的低收入者。这就涉及弹性和税收归宿问题。当对一种商品征税时，这种税收由生产者承担，还是由消费者承担，主要取决于该商品的需求弹性和供给弹性。

需求弹性是某种物品价格变动所引起的需求量变动程度。根据需求价格变动规律，需求缺乏弹性的商品当价格由于税收而上升时，需求量减少有限，税收就主要由消费者承担；相反，需求富有弹性的商品当价格由于税收而上升时，需求量可以大幅度减少，税收就主要由生产者承担。

供给弹性是某种物品价格变动所引起的供给量变动程度。根据供给价格变动规律，供给缺乏弹性的商品由于价格上升需求量减少时，供给量减少有限，税收就主要由生产者承担；相反，供给富有弹性的商品当价格由于税收上升时，需求减少，供给也减少，税收就主要由消费者承担。

由此可见，一种商品需求富有弹性而供给缺乏弹性，税收就主要由生产者承担；一种商品需求缺乏弹性而供给富有弹性，税收就主要由消费者承担。

高尔夫球这类奢侈品属于需求富有弹性而供给缺乏弹性的商品。这是因为这类产品并非生活必需品，而且替代产品多。当这类产品由于税收而提高价格时，消费者可以用出国旅游等消费来替代。因此，生产这些奢侈品的企业不仅要承担税收，还将面临需求减少引起的两种后果：一是企业不得不减少生产，二是企业不得不降价。这就导致这类企业生产经营困难，不得不解雇工人，相关行业所有者利润减少，工人收入减少。这些行业的工人大多属于低收入者，政策希望通过向富人征税而补贴低收入人群，却适得其反。所以，这种税并没有受到富人的反对，而是主要受到这些行业工人与工会的反对。

国外发达国家体育产业之所以发展得如此迅速，与政府的扶持有着密切的关系。政府扶持的一个有力手段便是在税收上采取不同的策略，或是减少，或是免收。作为发展中国家，我国体育的消费需求是富有价格弹性的。当富有价格弹性的体育需求由于税收而价格上扬时，需求量会大幅度减少。而对于保龄球、高尔夫球等中高档项目经营的生产者而言，这类服务供给缺乏弹性，由税收引起的价格上扬，将导致消费者转向其他娱乐休闲项目的消费，从而直接使得企业的生产利润下降，打击生产经营者的积极性。对于水平一般、缺乏"星级"球员的球队比赛，因为这类赛事需求缺乏价格弹性而供给又富有价格弹性，倘若票价由于税收的增加而上涨，税收将由消费者承担，而不是由提供比赛的俱乐部或企业承担。

（二）需求弹性

假设篮球联赛某俱乐部的市场需求曲线如图 2-1 所示。

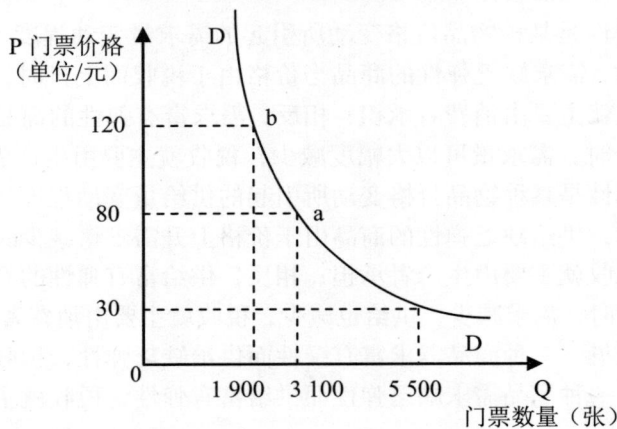

图 2-1　某篮球俱乐部门票的需求曲线

图 2-1 中需求曲线上 a、b 两点的门票价格分别为 80 元和 120 元，相应的门票需求量分别为 3100 张和 1900 张，根据公式，由 a 到 b 和由 b 到 a 的需求价格弹性分别计算如下：

由 a 到 b：

$$E_d = \frac{\Delta Q}{\Delta P} \times \frac{P}{Q} = -\frac{Q_b - Q_a}{P_b - P_a} \times \frac{P_a}{Q_a} = -\frac{1900 - 3100}{120 - 80} \times \frac{80}{3100} = 0.77$$

由 b 到 a：

$$E_d = \frac{\Delta Q}{\Delta P} \times \frac{P}{Q} = -\frac{Q_a - Q_b}{P_a - P_b} \times \frac{P_b}{Q_b} = -\frac{3100 - 1900}{80 - 120} \times \frac{120}{1900} = 1.89$$

显然，由 a 到 b 和由 b 到 a 的需求价格弹性系数数值是不同的，其原因在于：尽管在上面的计算中，ΔP 和 ΔQ 的绝对值相等，但由于 P 和 Q 所取的基数值不相同，所以，它们的计算结果也不同。两个计算结果的不同也说明在需求曲线的同一条弧线上，涨价和降价产生的需求弹性系数不相等。如果仅仅是一般地计算需求曲线上某一段的需求价格弹性，而不是具体强调这种需求价格弹性是作为涨价还是降价的结果，则可采用平均价格 $\left(\dfrac{P_a + P_b}{2}\right)$ 作

为计算价格变动的基础价格，平均数量 $\left(\dfrac{Q_a + Q_b}{2}\right)$ 作为计算需求量变动的基

础数量，上例中 a、b 两点间的需求弧弹性为：

$$E_d = \frac{\Delta Q}{\Delta P} \times \frac{\dfrac{P_1 + P_2}{2}}{\dfrac{Q_1 + Q_2}{2}} = -\frac{1\ 900 - 3\ 100}{120 - 80} \times \frac{\dfrac{80 + 120}{2}}{\dfrac{1\ 900 + 3\ 100}{2}} = 1.2$$

美国学者根据需求价格弹性基本原理考察了美国体育竞赛市场中的项目需求价格弹性问题。在美国体育竞赛市场中，足球和棒球等项目的价格弹性最大，处在曲线的下端，这类项目常常会因为价格略微变动而导致需求量的较大变化；拳击、橄榄球、滑雪等项目的价格弹性较小，需求的变化量要小于价格的变化量；而篮球和曲棍球等项目的需求弹性接近 1，价格的变化对需求没有多大的影响。

1. 影响需求弹性的因素

（1）商品的可替代性。

一般来说，一种商品的可替代品越多，相似程度越高，则该商品的需求弹性就越大。相反，该商品的需求弹性就越小。例如对于健身娱乐中心而言，有氧健美操的价格上升时，消费者就会减少对有氧健美操课程的需求量，增加对相近的替代品如形体操或瑜伽的消费需求。在通常情况下，对一种商品的定义越精确、越狭窄，与这种商品相近的替代品往往就越多，需求弹性也就越大。以拉丁健身操和健身操为例，拉丁健身操的需求弹性大，健身操的需求弹性小，如果拉丁健身操的价格上涨，消费者可以转学其他健身操，而若健身操的价格上涨，拉丁健身操的价格也会上涨，则需求弹性就小。

（2）商品用途的广泛性。

一般来说，一种商品的用途越广泛，其需求弹性就可能越大；相反，一种商品用途越狭窄，其需求弹性就可能越小。如果一种商品具有多种用途，当它价格较高时，消费者可能只购买较少的数量用于最重要的用途；当价格逐步下降时，消费者的购买量就会逐渐增加，将商品越来越多地用于其他的各种用途。当一项体育运动不仅具有健身、休闲的功效，同时还被赋予时尚、社交的角色时，其需求弹性往往较大。例如，高尔夫球运动不仅是一项可以愉悦身心的体育运动，而且是一个高档次休闲社交的项目，也是一种身份的象征，因此它的需求弹性就大。相比较而言，羽毛球运动较多地体现为健身的功能，需求弹性小。

（3）商品对消费者生活的重要程度。

一般来说，生活必需品的需求弹性较小，非生活必需品的需求弹性较大。相比较而言，由于体育产品大都不属于生活必需品，因此，无论是体育健身还是观看体育赛事，其需求价格弹性往往较大。

（4）商品的消费支出在消费者预算支出中所占的比重。

消费者在某商品上的消费支出在预算总支出中所占的比重越大，该商品的需求弹性可能越大；反之，则越小。对于体育消费者而言，参与乒乓球、羽毛球、网球等项目的消费支出少，这些项目的需求弹性就小；参与马术、帆船、赛艇、高尔夫等项目的消费支出多，则这些项目的需求弹性就大。

总之，经济因素决定了个人体育消费品弹性的大小：高档体育商品、拥有替代品的体育商品及用途广泛的体育商品弹性较大。需要指出的是，一种商品需求弹性的大小是各种影响因素综合作用的结果。所以，在分析一种商品需求弹性的大小时，要根据具体情况进行全面的综合分析。

2. 商品的需求弹性与厂商的销售收入

体育生产厂商的销售收入等于体育商品的价格乘以体育商品的销售量。在此假定，体育商品的销售量等于市场上对该商品的需求量。这样，体育生产厂商的销售收入就可以表示为体育商品的价格乘以体育商品的需求量，即销售收入$=PQ$，其中 P 表示体育商品的价格，Q 表示体育商品的需求量。

体育商品的需求弹性表示体育商品需求量的变化率对于体育商品价格变化率的反应程度，商品的需求价格弹性表示的是商品需求量的变化率对商品价格变化率的反应程度。这意味着，当一种商品的价格 P 发生变化时，这种商品需求量 Q 的变化情况，进而提供这种商品的厂商的总收益 PQ 的变化情况，必然直接取决于该商品的需求价格弹性的大小。由此可见，商品的需求价格弹性和提供该商品的厂商的总收益之间存在着密切的关系，可将这种关系归纳为以下三种情况：

第一种情况：对于 $E_d>1$ 的富有价格弹性的体育商品，降低价格会增加厂商的总收益，相反，提高价格会减少厂商的总收益，即商品的价格与厂商的总收益成反方向的变动。假设某商业赛事需求价格弹性为2，当门票价格为每张100元，需求量为 50 000 张，总收益为 100 元/张×50 000 张=5 000 000 元。当价格下降10%，即由100元降至90元，由于需求弹性为2，需求量增加20%，即增加到 60 000 张，这时总收益为 90 元/张×60 000 张=5 400 000 元，说明需求富有弹性的赛事降价引起需求量增加更多，从而可以增加总收益。同理，提价引起需求量减少更多，从而会减少总收益。

降价而总收益增加就是我们一般所说的薄利多销。"薄利"是由于降价导致每单位产品的利润减少了，"多销"是销售量增加了，需求富有弹性的商品降价引起的销售量增加的比率大于降价的比例，所以总利润增加了。

第二种情况：对于 $E_d<1$ 的缺乏价格弹性的体育商品，降低价格会使厂商的总收益减少，相反，提高价格会使厂商的总收益增加，即商品的价格与总收益呈同方向变动。这是因为，当 $E_d<1$ 时，厂商降价时（或提价时）所引起的需求量的增加率（或减少率）小于价格的下降率（或上升率），这意味着需求量增加（或减少）所带来的总收益的增加量（或减少量）并不能全部抵消价格下降（或上升）所造成的总收益的减少量（或增加量），所以，降价（或提价）最终导致总收益 PQ 值减少（或增加）。例如篮球比赛的需求弹性为0.5，当门票价格为每张50元时，需求量为 5 000 张，总收益为 50 元/张×5 000 张=250 000 元；如果篮球比赛门票价格下降20%，即由50元降至40元，由于需求弹性为0.5，需求量仅增加10%，即增加至 5 500 张，这时总收益为 40 元/张×5 500 张=220 000 元。这说明，需求缺乏弹性的商品降价所引起的需求量增加较少，从而降价会减少总收益。同理，提价引起需求量的减少也较少，从而会增加总收益。

第三种情况：对于 $E_d=1$，具有单一价格弹性的商品，降低价格或提高价格对厂商的总收益都没有影响。

经济学中，也可以根据商品的价格变化所引起的厂商总收益的变化来判断商品的需求弹性的大小。如果该赛事价格变化引起门票总收益成反方向的变化，则此需求富有价格弹性；如果该赛事价格变化引起门票总收益成同方向的变化，则此需求缺乏价格弹性；如果该赛事门票总收益不随门票价格变化而变化，则该赛事是具有单一价格弹性的。

第三章 体育服务商品理论分析

第一节 体育服务成为商品的原因解析

市场经济条件下，体育服务产品必然转化为商品。体育服务商品就是用来交换的体育服务产品。

一、体育服务成为商品的原因

（一）体育服务商品的内涵

体育产业的劳动产品就是体育服务。体育服务是一种非实物型产品，体育服务产品与其他劳动产品一样，当它用于交换时，就成为商品。体育服务商品就是用于交换的体育服务，即商品化的体育服务。体育服务商品体现了体育部门劳动者与其他部门劳动者之间的交换关系。体育服务商品包括运动竞赛、体育表演、体育健身休闲娱乐、体育旅游等体育服务产品。

体育服务商品与一般商品一样，是一种劳动产品，也具有使用价值和价值。体育服务能够用于交换，因此体育服务具有一般商品的共性。体育服务产品能够满足人们的健康、强身、娱乐和精神文化的需要，具有某种可消费性和有用性，因而成为满足人们需要的一种特殊消费品，构成社会财富的物质内容。体育服务产品在交换中成为交换的对象，成为交换关系和交换价值的承担者，就转化为体育服务商品。

（二）体育服务产品成为商品的原因

1．基本原因——社会主义市场经济的大环境

在市场经济条件下，具有相对独立性的经济实体，取得其他部分或个人生产的产品，只能通过商品交换形式来实现。不仅实物形式的产品可以成为商品，非实物形式的精神产品和服务产品也可成为商品。在存在商品货币关系的条件下，消费者为了获得体育服务产品的消费权利，就必须用货币来购买。体育部门和体育产业单位为了补偿体育服务产品生产过程中消耗的劳动，维持体育服务的生产和再生产，也需要通过出售体育服务商

品来取得货币收入。我国实行以按劳分配为主体的多种分配形式，居民的消费主要依靠个人的劳动收入或非劳动收入。居民对各种消费品的需求，由消费者按自己的意愿和需要从市场上购买，体育服务消费品也必然通过交换而成为商品。

2. 重要原因——体育产业成为社会分工体系中的一个部门

社会分工是商品经济存在和发展的基础。在早期人类社会中，体育服务不但数量少，而且具有自我服务与义务的性质，并未成为一种社会职业和一个经济行业。随着社会分工的发展和生产的专业化，出现了不同的服务行业。体育运动的发展使社会逐渐出现体育服务劳动者，体育逐渐成为许多人专门从事的职业和国民经济中的一个行业。体育作为国民经济的一个组成部分，它要向消费者出售体育服务或向社会公共组织提供体育服务以满足社会的需要；另一方面，体育部门也必须通过市场的生产与再生产活动使自己得到劳动的补偿，从而才能在市场经济中求得生存和发展，否则体育就不能称为产业部门。因此，体育行业的形成是体育服务成为商品的重要原因和条件。

3. 直接原因——缓和供需矛盾

随着社会经济的发展、生产力水平的提高、人民生活水平的改善及消费结构的变化，社会对体育服务的消费需求在不断增加。通过市场交换活动，使体育服务有偿地进入消费领域，可以缓解一部分体育服务中的供需矛盾。

二、体育服务成为商品的意义

在理论与实践上承认体育服务是一种商品，对于发展社会主义体育事业有重要的意义。

（一）可以为体育事业发展提供资金

在体育事业的发展过程中，曾把体育事业视为纯公益性的非生产性事业，因而在理论与实践上不承认体育服务也是可以用来交换的劳动产品。在这种认识指导下，体育事业长期以来依赖国家拨款，不能实行企业化、商品化经营，使得体育组织和单位缺乏自我激励、自我发展的能力，束缚了我国体育事业的发展。承认体育服务也是商品，这为建立与社会主义市场经济相适应的体育新体制提供了理论依据。既然体育服务也应通过交换成为商品，就应该改变过去那种把体育事业当作纯福利性事业的做法，从福利型、事业型一定程度上转变为经营型，实行企业化经营，其中一部分可以分成自主经营、自负盈亏、自我生存、自我发展的经济实体。通过向社会提供体育服务商品，可以获得相应的货币收入，扩大体育资金的来源，以弥补国家对体育事业投资的不足。

（二）有助于调动基层单位开展经营活动的积极性

通过向社会提供体育服务商品，可以使基层单位通过向社会提供体育服务商品，获得相应的经济利益，这有利于充分挖掘基层单位人、财、物的潜力及开展体育经营活动的积极性。这样也可以增强体育部门或组织自我生存、自我发展的能力，促进其改善经营管理，努力拓展体育经营业务，不断提高体育经营的效益。

（三）有助于推动体育产业化的进程

体育走产业化发展道路，就是要体育部门利用市场经济的基本经济规律和运行机制来发展体育事业。体育部门开展经营活动，努力向社会向市场提供体育服务商品，本身就是体育走产业化发展道路的一个重要举措，同时也是推动体育事业的社会化，建立和社会主义市场经济体制相适应的体育产业化运行机制的重要举措。

三、体育服务成为商品的条件

（一）管理体制必须从行政型向经营型转化

行政型管理的弊端主要是忽视经济手段和法律手段，市场机制和价值规律不起作用，基层单位缺乏自主权，也不承担任何经济责任，其弊端是显而易见的。

经营型管理，实际上就是承认基层单位是一个独立或相对独立的经营实体，并要求基层单位按照体育市场的需要来组织体育服务的生产和交换活动，原则上实行自主经营、自负盈亏、自我生存、自我发展。这样就迫使基层单位只有通过向社会提供体育服务商品，才能求得生存和发展。

（二）要培育体育服务市场体系

要进行商品交换，市场是必不可少的。体育市场体系是由各类相互联系、相互影响、相互制约的体育市场构成的一个有机统一体。体育市场体系是随着我国社会主义市场经济体制的逐步确立及体育产业化的发展而逐步发展起来的。体育服务商品要进行交换，同样也需要相应的体育服务市场体系。体育服务市场体系是体育市场体系的重要及主要组成部分。

体育服务市场体系主要由体育健身、休闲、娱乐市场，运动竞赛、体育表演市场，体育咨询、体育培训市场等组成。

（三）要开展体育市场调研

通过市场调研可以掌握体育市场信息，了解体育消费者的需求及需求变化趋势。这样可以根据体育消费者的体育消费需要和体育消费热点来组织体育服务商品的生产。

（四）要培养一批体育经营管理人才

体育服务商品要进入市场，是需要体育经营管理的专业人才来运作的。体育经营需要高智商的创意和策划，要想别人想不到或不敢想的点子，做他人不敢做的事。这就需要培养一批既了解体育，又掌握现代经营管理理论知识与方法的复合型人才，来具体参与体育市场的经营管理工作。

第二节　体育服务商品的范围及途径

一、体育服务商品的范围

目前我国的体育服务商品主要有：各种通过售票形式向观赏型体育消费者提供的运动竞赛、体育表演等体育服务商品；各种通过收取会员费、培训费、辅导费等形式向参与型体育消费者提供的健美训练、体育辅导、体育技术咨询、体育场馆服务等体育服务商品；各种通过货币支付方式有偿转让的体育科技成果等。但是，在目前由于受经济发展水平的制约，我国体育服务的商品率还是比较低的。

二、体育服务商品的特点

（一）体育服务商品和一般物质商品相比较所具有的特点

体育服务商品和一般物质商品相比较，具有以下特点：①可观赏性，即体育服务具有一定的美学意义和欣赏价值；②可参与性，即体育服务的消费过程就是参与过程；③非实物形态，即一般是以流动形态出现的；

④有实用性，即体育服务商品消费后，能给消费者带来积极的作用，如能够防病祛病、延年益寿、欢度余暇、陶冶情操等。

（二）现阶段我国体育服务商品生产的特点

1．现阶段我国体育服务商品生产的多层次性

由于体育消费者的多层次性，决定了体育服务商品的多层次性，这样才能满足各个层次体育消费者的消费需要。体育消费者由不同阶层的人所构成，如学生、工人、干部等，这些人的职业不同、性别不同、年龄不同、收入不同、经济条件不同，因此对体育服务商品的需求也是不一样的。一般地说，高水平的运动竞赛、体育表演是为了满足各类球迷的观赏需求；健美、减肥等体育服务商品是为了满足男女青壮年的消费需求；康复咨询、运动处方、气功养身、太极拳等体育服务商品是为了满足中老年人的消费需求；高尔夫球俱乐部、网球俱乐部、游艇俱乐部等体育服务商品是为了满足外商、白领阶层的消费需求。所以，要提供各种各样的体育服务商品，才能满足各种层次的体育消费需求。

2．现阶段我国体育服务商品生产的多主体性

现阶段我国体育服务商品的生产是以国家体育总局系统为主，各种社会力量一起发展。例如：个体户创办的健身房、武术学校等；宾馆附设的健身中心等；中外合资、外商独资创办的保龄球馆等；公园里设立的拳操辅导站等；企业创办的高水平运动队及各类运动学校（如足球学校）等。其中各类民营经济在体育服务业中占较大的比重。

3．现阶段我国体育服务商品生产的不均衡性。

由于我国经济发展水平的不均衡，导致我国体育服务商品生产也带有明显的不均衡性。一般来说，城市、沿海地区、经济发达地区、开放城市的体育服务商品率比较高，而那些经济相对落后的地区、内陆地区、农村地区、边远地区，由于体育消费的需求比较少，因此体育服务商品率就比较低。

三、发展体育服务商品的途径

（一）体育场馆开展多种经营，实行有偿服务

利用现有的体育场馆、设施、器材，组织以体为主的多种经营活动，向社会提供体育服务商品。例如：组织各种运动竞赛、体育表演；主办各种体育培训班、训练班、辅导班，提供各种形式的体育咨询、辅导、培训等服务；

提供各种场地服务，如网球、乒乓球、羽毛球、足球、篮球等经营项目。

（二）社会办体育

利用社会上的各种资源，特别是各种民营资本，兴办各种以健身、休闲、娱乐为主的体育经营场所，向社会提供体育服务商品，如健身房、网球场、乒乓房、保龄球馆等。

（三）建立各种体育俱乐部

体育俱乐部一般是独立核算、自负盈亏的体育经营实体。体育俱乐部通过向体育消费者即俱乐部会员提供各种体育服务商品来维持俱乐部的生存与发展。

世界上的体育俱乐部成千上万，从事的运动项目也各不相同，但体育俱乐部大体上可以分为业余、职业和商业三种类型。

1．业余体育俱乐部

业余体育俱乐部是指以体育为共同爱好的人自愿组成的自治体育团体，属于社团组织系统。其主要任务是组织自由参加的会员利用业余时间开展体育活动，一般以群众体育活动为主。

2．职业体育俱乐部

职业体育俱乐部是指拥有由职业运动员组成的、有资格参加全国职业队联赛的职业运动队的体育俱乐部。职业体育俱乐部按性质又可分为非营利性和营利性两种类型。非营利性职业体育俱乐部大都是从业余体育俱乐部中分化出来的，而且实行"一部两制"，即除了拥有一个完全按市场机制运行的职业运动队外，其余主体部分和业余体育俱乐部大同小异。这类职业体育俱乐部按市场机制经营职业运动队的主要目的不是为了营利，而是为了创收，以解决运动员的生计、训练和比赛等问题。营利性职业体育俱乐部则是完全按市场机制经营、以竞赛为手段、以营利为目的的体育商业组织。

3．商业体育俱乐部

商业体育俱乐部是 20 世纪 90 年代基于"花钱买健康"的消费观念而兴起的以营利为目的的体育服务产业，包括健身、健美俱乐部、保龄球俱乐部、网球俱乐部、高尔夫球俱乐部等。

不管哪种类型的体育俱乐部，均通过提供体育服务商品来满足社会的体育消费需求。

4．开展职业体育

职业体育是商品经济高度发展的产物，也是发展体育服务商品生产的重要途径。竞技体育职业化是与庞大的体育市场消费需求、成熟的经营团队及商业活动分不开的。

第三节　价格与体育服务商品供求的关系

一、体育服务商品的价格

（一）体育服务商品价格的内涵及分类

一般来说，商品价格是以价值为基础的，但体育市场上体育服务商品价值量的决定及其价格与价值的关系，均有自身的特点。

体育服务产品中有一部分属于重复型，如体育健身娱乐场所的服务、一般的体育技术辅导培训等，创新性较少，社会也需要其重复地大量生产。因而重复型体育服务产品的价值量不是由个别劳动时间决定的，只能由生产该体育服务产品的社会必要劳动量即社会平均劳动量来决定。

体育服务产品价值量的决定，其特殊性在于创新型体育服务产品的价值量难以确定。这是由于以下几点原因。

一是不可重复性和扩散性。运动训练新原理的提出，新的体育技术、战术的创新，重大的精彩的体育比赛场面，新的运动纪录的创造，都具有不可重复性和扩散性。在这里不存在生产同一产品的若干个别劳动时间，因而无法用社会平均必要劳动量来确定其价值。

二是效果的不确定性。影响运动竞赛水平和比赛成绩的因素很多，比赛的胜负、名次的排列、运动成绩和新纪录的创造等，不单纯取决于教练员、运动员的素质和工作状况，还受到许多外在因素和偶然因素的影响，因而体育服务产品的质量和有用性，即体育比赛的水平和观赏性具有不确定性。例如，在竞技运动中，如果运动员具有某项运动的天分，则可以用较短的训练时间、较少的训练费用达到较高的运动技术水平。而如果在训练过程中出现严重伤害事故，则会造成人力、财力的巨大损失，增加训练成本。体育服务产品的这种不确定性使其价值量也具有不确定性。

三是运动竞赛和体育表演服务劳动过程有差别明显的前期阶段和后期阶段。前期是训练阶段，即生产体育服务产品的准备阶段，后期是提供可供消费的体育服务产品的最终阶段。在体育竞赛表演服务产品的生产过程中，其前期阶段的长度远远超过后期阶段。体育竞赛服务前期阶段劳动与后期提供的最终产品的质量（竞技运动水平）关系极大。精彩的体育比赛、国内外重大比赛上优异成绩的创造，需要教练员、运动员付出大量的心血和汗水。赛场上几十分钟、几分钟甚至几秒钟的激烈拼搏，需要赛前几年甚至十几年的辛勤劳动和刻苦训练。由于以上几个原因，体育竞赛市场上体育服务商品的价值量是难以计算的。尽管在理论上体育服务商品的价格是以价值为基础的，但由于其价值量难以确定，在实际操作上还应认真研究体育市场上的价格机制与计价政策。

体育服务商品价值量变动的趋势相对于实物产品而言也有其自身特点。例如，由于科学技术的进步和生产方法的更新，生产电脑的劳动耗费不断下降，电脑的价值和价格也大幅度下降。体育服务产品则不同。体育部门提供的运动训练和运动竞赛服务是一种技巧性很强的人力型服务，需要熟练程度很高、强度很大的复杂劳动，需要耗费大量的体力和脑力。随着科学技术的进步及其在体育运动中的应用，体育运动的水平更高，动作技术难度更大，身体负荷量相应增大，再要进一步提高运动成绩就更为困难。如男子 100 米短跑，当运动成绩提高到 10 秒时，再要提高 0.1 秒比在 11 秒时提高 0.1 秒要困难得多。在运动竞赛水平更高、竞争更加激烈的情况下，要继续提高运动成绩，创造新的技术和动作，就需要更加科学、更加严格的训练，劳动的复杂程度、紧张程度更高，体力、脑力的消耗和训练费用的支出比以往大得多。这些情况表明，体育服务产品中的运动竞赛和运动训练服务的价值量存在着上升的趋势。

体育服务商品的价格可分为：运动竞赛、体育表演商品的价格；进入体育场馆、参与体育活动的门票价格；体育技术辅导和咨询服务的价格；体育教育、训练服务的价格；体育医疗、体育康复服务的价格等。

（二）体育服务商品价格的构成及分类

成本是体育服务商品价格的基础，是构成体育服务商品价格的主要部分，也是制订体育服务商品价格的主要依据。它包括以下几部分费用：体育服务商品生产过程中体育设施、器材、用具的折旧费；体育设施的照明燃料及耗费的其他材料的费用；维持正常运转的维修费用；职工的工资、福利费、管理费用等。由于现阶段我国体育经营单位的性质并不完全一样，有的是事业经营型，有的是企业经营型，因而体育服务的价格构成并不完全一致。大体可分为两种类型。

一种是全费服务价格。其价格构成包括体育服务商品生产经营中的成本、利润和税金。实行全费服务价格的大都是自主经营、自负盈亏的企业型、商业型体育经营机构；部分体育事业单位，虽非自主经营的企业，但实行企业化管理，也实行全费服务价格。娱乐性较强或高档次的体育服务场馆和设备完善的体育娱乐中心，如高尔夫球场、保龄球房、台球房、网球场等，不论其投资来源如何，一般都实行全费服务价格。

另一种是优惠服务价格，即部分收费价格。这种价格往往不包含利润和税金，或者仅获得微利，或仅相当于成本，甚至低于成本，其亏损部分由财政补贴，或者由经营其他业务所获得的收益来补偿，或者由政府通过购买服务提供资助。如公共体育场馆所提供的各类公益性体育服务，各种社区健身俱乐部所提供的群众性体育竞赛活动的服务和各种非营利性的体育培训服务等，往往都优惠收费甚至免费。企业、事业单位内部经营的健身房、游泳池等体育设施，也大都以优惠或免费的方式提供服务。

体育市场上体育服务商品的价格，尤其是体育竞赛市场的体育服务商品价格，对于价值表现出较大的独立性，即在价值量不变的情况下，价格可能有较大的变动和差异。人们对体育服务的需求，属于享受和发展的需求，在现阶段尚属非基本需求，具有较小的弹性。对体育服务的需求不仅受价格的影响，还受许多非价格因素，如居民的收入水平、工作和生活条件、闲暇时间、文化传统和体育观念、时尚和习俗、个人的爱好和主观评价等因素的影响。例如在沿海及一些经济较发达城市，体育健身娱乐市场迅速崛起，这不仅是受居民收入增长较快、出现了一批中高层收入者的影响，也与人们的生活条件、消费观念变化有关。在美国，得到人们喜爱的拳击、棒球、橄榄球、篮球、网球、田径、游泳等项目的比赛，门票可高达数十美元至数百美元，而足球比赛的门票在"美国杯"之前只能卖到几美元。在西欧各国，精彩的足球比赛门票价格可高达数十美元至数百美元。价格的上述差异显示出民族文化传统、体育传统对市场需求的影响，从而对体育竞赛市场价格发生影响。

与体育市场的需求有较小的弹性不同，体育市场的供给则呈现不同的情况。体育健身娱乐市场的供给明显受价格的调节。在价格上涨、供不应求的情况下，体育健身娱乐市场会有较多的盈利，从而刺激新的健身娱乐经营场所的开张。反之，价格降低、显示供大于求时，如果无利可图甚至长期亏损，一些健身娱乐场所会停业转产，从而减少供应。但价格的波动却不易引起竞赛市场供给的迅速变化。价格上涨，难以使竞赛市场的供给迅速增加；价格下降，也难以使竞赛市场的供给迅速减少。面对竞赛市场供给弹性较小而需求弹性较大的情况，竞赛市场门票的价格波动性较大。例如，由于1994年在世界杯亚洲赛区预选赛之前，国人对中国队的期望值很高，成都赛区的门票被炒到百元以上。当中国队兵败伊尔比德、出线无望之后，成都赛区的门票价格跌至原来的几分之一，甚至十几分之一。由于1998年中国队在世界杯预选赛（十强赛）中又未出线，也影响到中国的足球球市，甲A俱乐部中大部分球队的比赛门票价格出现下降。体育竞赛市场门票价格机制的上述特点，要求在门票价格管理和定价上应有较大的灵活性。

二、价格及价格变动与体育服务商品供需的关系

（一）价格及价格变动与体育服务商品需求的关系

1. 需求与体育服务商品需求

需求不同于需要，它不仅要以人们客观存在的购买某种物品的欲望为基础，而且要受到人们的支付能力的约束。因此，在经济学意义上，需求一般是指人们在一定时期内愿意并能够购买的某种商品或服务的数量。在理解需求这一概念时，必须注意以下几点。

第一，需求总是以购买欲望为前提的，没有这种购买欲望，即使具备很大的支付能力，也无法形成需求。

第二，需求总是有支付能力的需求。毋庸赘述，没有支付能力保证的需求只能是需要或欲望，而对于需要或欲望，更大程度上可以用心理学理论去解释。

第三，需求是一个流量概念，它是指某一时期内消费者或其集合愿意并能够购买的商品和服务数量，比如每月购买大米15千克，支付体育锻炼的门票费用10元等。

第四，需求还是一个期望值，并非是实际可以实现的需求，后者又叫实际需求，两者在数值上不一定一致。但是实际需求总是小于期望需求的。

体育服务商品需求是指人们在一定时期内为了满足自身的强身健体、延年益寿、欢度闲暇等需要而形成的对体育服务或服务商品的需求量。

从体育经济学的角度来看，体育服务需求又可以分为非经济性的体育服务需求和经济性的体育服务需求两种类型。

非经济性的体育服务需求，是指人们无须支付一定的货币就可以实现的需求。具体来说，也就是体育产业部门无偿向社会提供的各种体育服务或服务产品，如学校体育教学、业余体育训练、群众体育辅导等。这类体

育服务需求由于基本上不涉及人们体育活动的经济问题，所以它不能成为体育经济学所要研究的主要对象。但是这种非经济性的体育服务需求是构成人们整个体育服务需求的重要方面，而且要解决这类体育服务产品的供求矛盾又会间接地与人们的经济关系相联系，如社会、集体的福利基金在体育事业的分配和使用等。因此，在研究人们的体育服务需求时，这类非经济性的体育服务需求也是不能不论及的。

经济性的体育服务需求，是指人们必须通过购买手段、支付一定的货币才能实现的需求。具体来说，也就是对体育产业部门所提供的体育服务商品的需求。由于这类体育服务需求是与人们体育活动中的经济问题直接相关联的，因而它的运动必然要受到经济规律的支配。体育经济学所要研究的体育服务需求，主要就是这类经济性的体育服务商品的需求。

2. 体育服务商品的需求规律

体育服务商品的需求规律反映的是人们对体育服务商品的需求量与价格之间的关系。一般说来，体育服务商品的价格上升，人们的需求量就会下降；相反，价格下降，需求量就会增加。因此，体育服务商品的需求规律也就具体地表现为需求量随价格上升而递减、随价格下降而递增的反方向变动关系。体育服务商品的需求量与价格之间的这种负相关关系，用函数形式来表示，就是体育服务商品的需求函数，需求量是价格的函数：

$$D = f(P)$$

上面公式中，D 表示需求量，P 表示价格，f 表示函数关系。用几何图形来反映需求量与价格的变动关系，就可以描绘出一条体育服务商品的需求曲线，如图 3-1 所示。

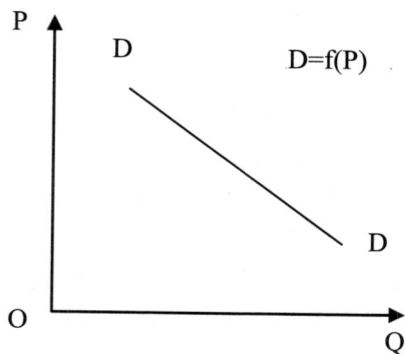

图 3-1　体育服务商品的需求曲线

从图 3-1 中可以看到，体育服务商品的需求曲线 DD 线是从左上方向右下方倾斜的，它反映了需求量随价格变动而反方向变化的关系。体育服务商品的需求规律反映的是人们对于经济性体育服务商品需求量的变化规律。需求曲线表示的是需求状况，如果需求状况发生变化，也就反映为整个需求曲线的移动，说明对于每一个价格水平需求量都发生了变化。

引起体育服务商品需求状况变化的因素是多方面的，现假定其他因素不变，只是分析由于人们对非经济性体育服务需求的变化而引起的对体育服务商品需求状况变化的情况。人们的整个体育服务需求是由经济性和非经济性的体育服务需求共同构成的，并且在这两者之间存在着很强的替代关系，即对经济性体育服务商品的需求，在很大程度上是可以通过对非经济性的体育服务产品需求来替代的。例如，一场精彩的足球比赛，如果通过电视实况转播，那么比赛现场的观众就可能减少，其他健身、娱乐、休闲等体育服务需求也是这样，如果免费或优惠向社会提供的体育服务或服务产品数量增加，则就意味着收费的商品性体育服务消费需求的减少。因此，如果人们把主要的体育服务需求集中于非经济性的体育服务产品，那么就会影响对经济性体育服务商品的需求状况。正是由于非经济性和经济性的体育服务需求之间存在着很强的替代关系，所以在研究体育服务商品的需求时，必须充分考虑到这一点。

3. 影响体育服务商品需求的其他因素

以上在分析体育服务商品的价格对需求量的影响关系，以及非经济性体育服务产品需求与经济性体育服务商品需求的替代关系时，都是以假定其他因素不变为前提的。实际上，其他因素对于人们的体育服务需求也存在着重要的影响。

第一，人们的收入水平。人们收入水平的高低，反映了对各种商品有支付能力的需求量的大小。而人们的需求又具有明显的层次性，从需求发展的一般规律来看，人们的需求首先是表现为对满足生存需要的生活必需品的需求，在满足生存需要的基础上，逐层渐进，形成对满足享受需要和发展需要的各种商品的需求。当然，这种需求发展的层次性要受到收入水平的约束，在人们收入水平很低的条件下，除了满足生存需要以外，就不可能再形成对享受需要和发展需要大量需求的经济动因。人们的体育服务需求属于中高层次的享受需要和发展需要，因而对体育服务商品的需求量也必然伴随收入水平的变动而变化。如果其他因素不变，人们的收入水平提高，对体育服务商品的需求量也将会随之增加。

第二，体育基础设施的建设。体育基础设施不仅是体育供给得以实现的必要条件，也是影响体育服务需求实现的不可忽视的因素。加强体育设施的建设，能够有效地促进体育服务需求的增长。尤其在我国绝大部分地区，体育基础设施的严重不足是制约体育服务商品需求实现和限制需求量增长的一个重要原因。因此，是否重视体育设施的建设，不论对体育服务供给还是体育服务需求都是一个直接的影响因素。

第三，人们的闲暇时间。闲暇时间是人们从事体育消费的基本条件之一，特别是服务性体育消费，通常都是安排在闲暇时间里进行的。这样，人们所拥有的闲暇时间的多少也就直接影响着对体育服务需求的数量。一般而论，随着人们的闲暇时间的增多，对体育服务的需求也会增加。另外，在节假日或闲暇时间相对集中的时期（如双休日）也往往会形成对体育服务需求的高峰。

此外，人们的文化水平、人们的体育意识强弱、其他文化商品的发达程度，以及新兴体育消费项目的开发和拓展，都会对人们的体育服务需求产生积极的影响。

4．体育服务商品的需求弹性

体育服务商品的需求弹性分为需求的价格弹性和需求的收入弹性两种。需求量变动的百分比与价格变动的百分比之间的比率，称为价格弹性，用E_D表示，其公式为

$$E_D = \frac{\text{需求变动百分比}}{\text{价格变动百分比}} = \frac{\Delta Q / Q}{\Delta P / P} = \frac{\Delta Q}{\Delta P} \cdot \frac{P}{Q}$$

在上式中，P代表价格，Q代表需求量，ΔP和ΔQ分别代表价格变动量和相应的需求量的变动量。在通常情况下，由于价格的变动将引起需求量的反方向变化，因此弹性系数E_D为负数。弹性系数的大小取其绝对值来表示，不同斜率的需求曲线反映了不同的价格弹性。由于人们对不同的体育服务商品的需求状况是不一样的，因而需求曲线的斜率也是不一样的，所以需求的价格弹性也有$E_D > 1$，$E_D = 1$，$E_D < 1$三种情况。

不同的体育服务商品具有不同的价格弹性，同一种体育服务商品在不同的时期也可能会有不同的价格弹性。因为影响体育服务商品需求量变化的因素有很多，它们对需求量的影响作用往往是和价格因素的影响作用交

叉在一起的。因此价格对需求量变化的影响，有时能够比较纯粹地表现出来，而有时则由于其他因素的交互作用使价格作用本身发生扭曲。所以掌握体育服务商品需求的价格弹性，其意义在于把握体育服务商品的价格与需求量之间变动的内在联系，然后根据不同的体育服务商品、不同的时期，以及对各种因素影响作用的分析，去预测价格变动将会引起需求量在多大程度上的变化，从而为科学、合理地制定体育服务商品的价格、调节体育服务商品供求的平衡提供可靠的依据。而不应该把不同的体育服务商品与不同的价格弹性不加分析地对号入座、简单搬套。

体育服务商品需求的收入弹性是指收入变动的百分比与需求量变动的百分比之间的比率，即人们收入增加或减少的幅度与由此引起的对体育服务商品需求量的变动幅度的比率。其公式为

$$E_M = \frac{需求量变动百分比}{收入变动百分比} = \frac{\Delta Q / Q}{\Delta M / M} = \frac{\Delta Q}{\Delta M} \cdot \frac{M}{Q}$$

在上式中，M 代表收入，E_M 代表收入弹性系数，ΔQ 和 ΔM 分别代表需求和收入的变动量。如前所述，收入与需求量之间是同方向变动的关系（参阅前文收入水平与需求量的关系），故弹性系数为正数。从理论上分析，需求收入弹性可以具有同价格弹性相似的三种情况，即弹性系数 $E_M > 1$，$E_M = 1$，$E_M < 1$。由于体育服务商品基本上是属于满足人们享受需要和发展需要的消费层次，所以从短期来看，需求的收入弹性比较小。但从长期来看，随着人们收入水平的不断提高，消费需求的层次也将逐渐提高，这势必会使收入增加中的更大部分用于满足对体育服务商品的需求。因此，在长期中，体育服务商品的需求收入弹性有增大的趋势。

（二）价格及价格变动与体育服务商品供给的关系

1. 体育服务商品的供给及其类型

与需求一样，在经济学意义上，供给一般指的是生产或销售者在一定时期内愿意并能够提供给市场的商品或服务数量。体育服务供给是指体育产业部门在一定时期内向社会提供的全部体育服务产品和体育服务商品的数量。其主要形式是体育娱乐、体育旅游、健美训练、健身辅导、运动处方等。

从体育经济学的角度来看，体育服务供给可以分为无偿的产品型供给和有偿的商品型供给两种类型。

无偿的体育服务产品供给是指由体育产业部门向社会提供的免费或优惠的体育服务产品，如学校体育教学、业余体育训练、群众性体育辅导等，这类体育服务产品面向整个社会，人们一般都可以无偿或部分有偿（优惠）地获取。因此，在这类体育活动中，不含有一般意义上的经济性质，但是由于它在体育服务供给中占有重要的地位，是整个供给不可缺少的组成部分，并且在这类体育服务产品的生产过程中，也会涉及与社会的经济关系以及自身发展的经济问题，如它需要国家的投资、社会的扶植和赞助，以及通过自己的业务活动筹集发展资金等，因而在论述体育服务供给时，这部分产品型的体育服务供给也是不能遗漏的一种类型。

有偿的商品型体育服务供给是指由体育产业部门向社会提供的人们必须通过支付一定量的货币购买才能得到的体育服务商品，如体育比赛、体育表演、健美训练、减肥辅导、气功健身、运动处方、气功养生，以及其他各种形态的体育健身、休闲、娱乐等体育服务商品。这类体育服务商品的供给都是以一定的价格为条件的，是和经济活动直接联系在一起的，因此它是体育经济学研究的主要内容。

体育服务商品的供给作为体育经济活动的一个方面，必然要受到经济运动规律的制约，尤其是在当前体育商业化趋势强化和体育市场不断健全完善的条件下，经济因素必然成为体育服务商品供给的一个基本的起决定作用的因素。在各种经济因素中，最主要的是体育服务商品的价格。

2. 体育服务商品的供给规律

同其他商品的供给规律一样，体育服务商品的供给规律也表现为供给量与价格之间的正方向变化关系。就一般而论，体育服务商品的价格越高，对供给者来说，获利就越多，因而供给量也就越大。相反，价格低，供给量也就下降。这种供给量随价格上升而递增、随价格下降而递减的正相关关系，用函数形式来表示，就是供给量是价格的函数，即

$$S = f(P)$$

在上式中，S 表示供给量，P 表示价格，f 表示函数关系，供给量与价格的函数关系也可以用几何图形来反映，如图 3-2 所示。

图 3-2 的纵轴 P 表示价格，横轴 Q 表示供给数量，SS 线是体育服务商品的供给曲线。供给曲线的形状是从左下方向右上方倾斜，反映了供给量与价格的正相关关系。应该指出的是，图 3-2 所表示的是供给量与价格的依存关系，在这里是假定供给量的变化是由价格因素唯一决定的，而把其

他影响供给量变化的因素都看作是既定不变的,如果其他的因素发生了变化,供给量也将会随之而变动。

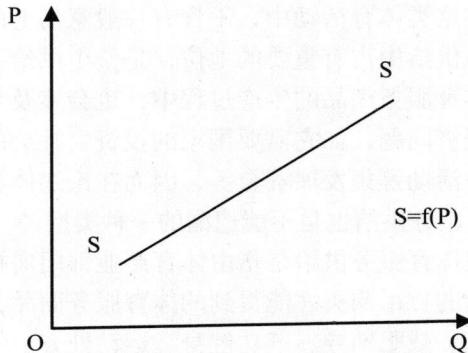

图 3-2　体育服务商品的供给曲线

3．影响体育服务商品供给的其他因素

体育服务商品供给量的变化除了取决于价格因素以外,还受到其他多种因素的影响。

（1）生产体育服务商品的成本价格。

在体育服务商品价格已定的情况下,若生产体育服务商品的成本价格上升或下降,会使供给量随之发生减少或增加的变动,也就是使整个供给状况发生变化。

（2）体育基础设施的规模。

体育基础设施包括体育场馆、健身房、游泳池等。体育基础设施是各种体育服务产品和商品得以向社会提供,体育服务供给得以实现的必要条件。所以,体育基础设施的发达程度是直接影响体育服务商品供给的一个重要因素。

（3）国家对体育产业的经济政策。

这里主要指国家对体育产业的税收、信贷等政策。国家若对体育产业生产的产品实行低税或免税的优惠政策,就能推动体育产业供给的增长,反之则相反。

（4）社会对体育产业的重视和支持。

在体育服务消费品供给中,一部分属于产品型的供给,其供给数量在很大程度上受制于社会的重视和支持,社会对这类体育服务产品生产的投资、资助越多,它的供应量也相应增加。另一部分属于商品型的供给,其供给数量也会受到这一因素的影响，社会对体育服务商品生产的重视和支持，为它提供创造各种有利的条件，都能有效地促进体育服务商品供给的增加。例如，社会各民间团体成立的体育基金会，就是促进体育产业发展、增加体育服务商品供给的有利因素。因此，体育服务产品与体育服务商品的供给量是和社会的重视和支持成正比的。

此外，季节差异、天气差异、地理环境的差异等也会对体育服务商品的供给量造成影响。

4. 体育服务商品供给的弹性

体育服务商品的供给量与价格具有正方向变动的关系，测度价格变动引起的供给量变动程度大小的指标，称为体育服务商品的供给价格弹性，用弹性系数 Es 来表示弹性的大小，其公式为

$$E_S = \frac{供应量变动百分比}{价格变动百分比} = \frac{\Delta Q / Q}{\Delta P / P} = \frac{\Delta Q}{\Delta P} \bullet \frac{P}{Q}$$

在上式中，P 代表价格，Q 代表供给量，ΔP 和 ΔQ 分别代表价格变动量和相应的供给量的变动量。根据供给规律，供给量与价格是正方向变化关系，所以弹性系数 E_S 为正数。

弹性系数数值的大小取决于供给曲线的形状，即曲线的斜率。由于体育服务商品的种类不同，主要的供给对象不同，因此不同的体育服务商品其供给曲线的斜率也是有差异的，供给曲线的斜率越大，即曲线的形状越陡，其弹性就越小，反之，弹性就越大。

有必要指出，体育服务商品的供给弹性除了与其他商品的供给弹性具有共性以外，它本身又表现出明显的特殊性。就一般而论，体育服务商品的供给弹性都是比较小的，尤其是在短期内更为突出，这一特殊性是与体育服务商品的特点相联系的。因为在体育服务商品的生产中，由于服务商品的生产不同于物质生产劳动，因此绝大部分体育服务商品不可能像物质商品那样，在短期内可以迅速增加供给量。体育服务商品的生产相对来说需要一个较长的周期，如体育运动员、教练员的培养都需要一定的周期。因此从短期来看，价格对一般体育服务商品供给量的变化影响较小。但从长期来看，其供给弹性要大于短期供给弹性。因为在长期中，价格提高能使体育产业部门有能力组织更多的人力、物力和财力投入体育服务商品的生产，从而使体育服务商品的供给量有较大幅度的增长。

体育服务商品供给弹性的这一特点说明，供给量的变化程度还与时间存在着一定的关系，价格因素或者其他因素对供给量变化的影响，其程度会因时间长短的不同而不同。由于在短期内供给弹性较小，各种因素的变化就难以使供给量发生较大的变化，因此往往在短期内不能达到预期的效果。根据体育服务供给弹性的这一特点，要使各种因素的变化能对供给量发生较大的影响，就必须着眼于长期的观点，各种政策、措施要有长期性和连续性，要把增加体育服务供给看作一个长期的行为，这样才有利于在实践中采取各种措施有效地促进体育服务消费品的供给。

（三）体育服务商品供给与需求的关系

1. 体育服务商品供求的均衡

在分析了体育服务商品需求与体育服务商品供给以后，现在把两者结合起来，进一步分析体育服务商品供求的矛盾运动。

体育服务商品的供给和需求都是价格的函数，但价格的变动对供给和需求的影响又是反方向的。因此，在体育服务商品供给与需求的矛盾运动中，价格是一个极为重要的因素。在不同的价格水平下，体育服务商品的供给量是不同的；同样，相对于不同的价格，人们对体育服务商品的需求量也是不一样的。所以，体育服务商品供求均衡依存于一定的体育服务商品的价格水平。

在现实的体育服务商品市场上，体育服务商品供求的均衡总是相对的，因为体育服务商品的生产和消费一般是同时进行的，因此客观上要求体育服务商品的供给与需求相适应。所以，在某一个具体的时点上，供求可能出现不均衡的现象，但从长期来看，从变化的趋势来看，在市场竞争和供求规律的作用下，又会趋向于大体上的均衡，从而表现为体育服务商品供求矛盾规律性的运动过程。

应该指出的是，在体育服务商品供求达到均衡的过程中，体育服务商品的价格是一个重要的因素，但并不是唯一的因素。除了价格因素以外，其他的因素对体育服务商品的供求均衡也有着不可忽视的影响。比如体育服务或服务产品的质量问题，如果体育服务商品的质量十分低劣，比赛水平非常低下，在这种情况下，即使价格下降也难以引起人们需求量的增加，这样，一方面人们的需求不能得到满足，另一方面，已经生产出来的体育服务商品又不能成为人们的需求对象，致使供求出现失衡。体育比赛、体育表演等体育服务商品的供求均衡，就在相当大的程度上受到这一因素影响。又如，人们对体育服务商品需求的热点变化也影响着体育服务商品的均衡。当社会上或体育领域出现"某某热"的时候，即使其他因素都不变，人们对这类体育服务商品的需求也会超出正常状态下的数量，而造成供求的失衡。正是由于体育服务商品的供求均衡受着多方面因素的影响，所以保持体育服务商品供求的基本均衡，必须要针对造成供求失衡的不同情况的原因，采取不同的措施。

2. 体育服务商品供求矛盾的主要表现

要更好地协调体育服务商品供求的矛盾，保持体育服务商品供求的基本均衡，有必要对产生供求矛盾的各种原因及其表现作进一步分析。

（1）体育服务商品供求在地域上的矛盾。

这是指同类体育服务商品在不同地区之间所产生的供给与需求不相适应的情况，这一矛盾主要表现在不同地区的体育市场上供给与需求量的不平衡，突出的是城市和农村、发达地区与落后地区的矛盾。一般地说，在城市或经济发达他区，体育产业比较发达与健全，体育服务商品供求的矛盾相对比较缓和。而在农村或经济落后地区，体育产业发展相对滞后，体育服务商品的供需矛盾比较突出，并且主要表现为体育服务商品供给不能满足体育消费需求的矛盾。造成城市与农村、发达地区与落后地区体育服务商品供求不平衡的主要原因包括以下两点。

首先，城市体育产业比较发达，各种体育服务商品的供给能力也大，因此，尽管城市居民的人均体育需求量大于农村，但是在城市有能力也有条件通过增加各种体育服务商品的供给来保持供求的大体平衡。而在农村，由于经济发展相对落后，体育产业发展更是滞后于经济的发展，这就限制了体育服务商品供给的能力，难以有效地提供各种体育服务商品。

其次，城市的人口相对集中，各种体育设施比较完善，这就为体育服务商品的供给和需求都提供了有利的条件，使供给与需求都能得以实现。而农村的人口居住分散，各种体育设施不足，一些地区交通不便、信息闭塞、体育市场相对狭小，这对农村的体育服务商品供给与需求来说都是直接的制约因素。在这种情况下，往往是有体育服务商品却难以充分提供，有体育服务需求却难以实现。所以从体育服务商品供求在地域上的矛盾来看，解决农村体育市场的供求矛盾是一个重点。

（2）体育服务商品供求在层次上的矛盾。

这里指不同层次的体育服务商品在供给与需求之间不相适应的情况，

它主要表现为体育服务商品的供给与需求在构成上的不平衡。例如,有些高层次的体育服务商品往往是较稳定地长期处于需求不足的状态(如高尔夫球俱乐部、游艇俱乐部等),而有些大众层次的体育服务商品则往往是需求难以得到满足(如夏天的游泳池火爆现象)。造成体育服务商品的供给与需求在结构上不平衡的原因主要有。

第一,由于人们收入水平的不同造成的对不同层次的体育服务商品需求的不同。人们对各种体育服务商品的需求状况,在很大程度上取决于可支配收入的多少,在收入水平还普遍比较低的条件下,对一些高层次的体育服务商品以及高档次的体育娱乐消费是难以形成大量需求的。例如,在绝大多数的人们还处于低收入水平的情况下,很难设想他们对体育服务商品的需求会集中于一些高层次的体育服务商品,如高尔夫球会员证、游艇俱乐部的会员卡、健身健美俱乐部的会员证,也不可能经常去观看足球比赛或参加壁球、网球等娱乐型的体育消费。因此在不同层次的体育服务商品供求构成上,必须考虑人们的收入水平和经济承受能力,否则也将会造成不同层次的体育服务商品之间的供求结构失衡。

第二,由于人们的年龄差别造成的对不同层次、不同种类体育服务商品需求的差别。青年人和老年人、儿童和成年人的爱好、兴趣是不同的。例如,老年人喜欢强身健体、延年益寿的太极拳、气功等体育服务商品,青年人则喜欢健美、减肥、国标舞等体育服务商品。正是因为不同年龄的人们,对各种类型的体育服务商品需求表现出明显的差别,所以只有根据不同年龄层次的人们对体育服务商品需求的不同特点,有针对性地来提供不同种类的体育服务商品,才不至于出现体育服务商品在供求层次上的矛盾。

总之,由于人们的收入水平、年龄、职业、传统习惯、兴趣爱好、体育意识强弱等不同,使人们对体育服务商品的需求也呈现出多样性、多层次性和复杂性,因而经常会出现不同层次的体育服务商品在供求结构上的矛盾。

(3)体育服务产品供过于求与体育服务商品供不应求的矛盾。

这里指的体育服务产品是那些带有社会福利性质的不以盈利为目的的体育服务或服务产品。上述的矛盾也就是指未能进入流通领域的体育服务产品大大多于能进入流通的体育服务商品,以及进入流通的体育服务商品又往往不能满足不同层次的社会需求的现象。从数量上看,目前能作为体育服务商品进入流通的体育服务或服务产品的数量,在整个体育服务产品供给中只占据较小的比例,大部分体育服务产品供给不能转化为商品进入流通领域而成为社会财富。这种供过于求和供不应求同时并存，是体育服务产品和体育服务商品供求矛盾比较突出的特点。

（4）体育服务商品供求在季节上的矛盾。

这主要是指同类体育服务商品的供给和需求在季节上的差别。这一矛盾的主要表现是体育服务商品供求存在淡旺季悬殊。就体育服务商品供给来说，体育设施供给量是常量，它不随季节发生变化；就体育服务商品来说，体育消费者的闲暇时间的分布是不均衡的。一般来说，在节假日期间，人们纷纷外出度假、休闲、娱乐，从而形成对体育服务商品需求的增加。另外，夏季天气较为炎热，对某些消暑性体育服务商品的需求就相应增加，如娱乐型游泳、水上乐园等。这就构成了体育服务商品供求在季节上的矛盾。

3. 体育服务商品供求的调节

对体育服务供求进行调节，其目标是要保持体育服务供给的基本平衡。为达到这一目标，可根据体育服务供求方面的不同性质的特点，相应采用各种不同的方法和手段来进行调节。各种调节手段大体上可分为经济性调节手段与非经济性调节手段，前者是指运用各种经济杠杆和经济政策措施来进行调节，后者是采用经济手段以外的政策措施来进行调节。从运用经济杠杆和经济政策措施调节体育服务商品的供求来看，主要包括以下三个方面。

（1）价格杠杆。在各种经济杠杆中，价格是最重要的杠杆。体育服务商品的供给规律和需求规律就是反映供求量与价格变动的内在关系。由于价格变动能同时调节供给量和需求量向相反的方向变动，因此它比其他经济杠杆能更有效地调节供求的平衡，尤其是对一些实行经营型管理的体育场馆的体育服务商品的供求，价格杠杆的调节作用更为明显。当然，价格杠杆调节作用的充分发挥是以建立完善的体育服务商品的市场机制为前提的。因为价格杠杆是通过生产者与消费者的利益机制来实现对供求的调节的。价格提高，体育服务商品的生产者不仅能够补偿消耗掉的劳动，而且能够从中获得较多的收益，从而使它有能力、有动力提供更多的商品来扩大供给。价格提高对体育消费者所产生的影响则相反。应该承认，我们运用价格杠杆来调节体育服务商品的供求是做得很不够的。长期以来，我们把体育事业作为社会福利来看待，主要是运用行政手段来代替价格杠杆，致使体育服务商品的价格不能反映供求的状况，也不能随供求的变化而变化，这就在相当程度上使价格丧失了本身所具有的调节供求的功能。所以，排斥价格杠杆是造成体育服务商品供求矛盾长期不能得到较好解决的一个重要原因。

（2）税收杠杆。运用税收杠杆来进行调节，其主要作用对象是体育服务商品的供给方面，通过实施不同的税收政策来达到保护、鼓励、促进或限制不同的体育服务商品的供给的目的。例如，为大众健身、娱乐、休闲提供的体育服务商品，可以实行优惠的税收政策或免税来保护和鼓励它的供给。对一些收入较高的体育消费项目，如高尔夫球俱乐部、游艇俱乐部等体育服务商品，则可以课以较高的税收。总之，对于体育服务商品供给，要根据发展社会主义体育产业的需要，针对不同层次、不同类型的体育服务商品的供给，实行不同的税收政策。通过税收杠杆对各种体育服务商品供给进行不同的利益调节，使健康的、有益的、符合社会大众需要的和有利于社会主义体育事业发展的体育服务商品供给能得到有效的提高，使体育服务商品的矛盾得到解决。

（3）财政政策。国家的财政政策作为一种经济手段，对体育服务商品供给也具有重要的调节作用。财政政策调节的对象主要是无偿或部分有偿的产品型体育服务供给，以及一些靠自身的经营活动不能做到以收抵支的商品型体育服务商品的供给。前者如运动训练、学校体育教学、业余体育训练等事业型体育单位，后者主要是一些偏远地区的公共体育场馆及一些超大型的公共体育场馆。无偿的或部分有偿的产品型体育服务供给基本上是依靠财政补贴来维持的。因此，财政拨款的多少就在很大程度上决定了它的供给状况。

除了利用经济杠杆和经济政策来调节体育服务商品供求以外，健全体育法规建设、完善政策措施、加强必要的行政管理，也是保证体育服务商品供给、调节供求平衡的不可忽视的方面。

第四节　体育商业化趋势及利弊分析

一、体育商业化的含义及表现

（一）体育商业化的含义

体育商业化就是指体育服务产品的商品化，也就是指体育服务产品通过市场实现其价值补偿的经济活动过程。

　　体育商业化实际上就是以体育运动本身所具有的娱乐性而带来的享受、竞技性所带来的刺激为主要产品，以成熟的商业模式为主要运作手段，以平衡各方面利益达到互利互惠目的的一种体育产业化运作的模式。因此，体育商业化要求借助市场机制，运用发展商品经济的一般手段、形式和基本的经济规律来兴办体育事业、组织体育活动，以实现其自身生产经营过程中的价值补偿与价值增值。

（二）体育商业化的表现

　　运动员明码标价自由转会，运动竞赛高额的出场费，以投资的方式运作 F1、网球大师杯、黄金大奖赛等商业性体育赛事，用商业手段承办奥运会、世锦赛、亚运会、全运会等大型综合体育赛事，以高额奖金的方式激励运动员、教练员及相关人员努力拼搏，以巨额广告利润回馈的方式盛邀体育明星为企业或产品进行推广或代言，运动员以自己的名声直接参与商业营销活动等，这些均是体育商业化的表现，如表 3-1 所示。

表 3-1　历史上十大转会

序号	转会球员姓名	转会年份	转会去向	转会费用（万欧元）
1	C•罗纳尔多	2009	曼联→皇马	9400
2	齐达内	2001	尤文图斯→皇马	7600
3	卡卡	2009	AC 米兰→皇马	6500
4	费戈	2000	巴塞罗那→皇马	5850
5	克雷斯波	2000	帕尔玛→拉齐奥	5360
6	布冯	2001	帕尔再→尤文图斯	4920
7	罗比尼奥	2008	皇马→曼城	4900
8	维耶里	1999	拉齐奥→国际米兰	4830
9	舍甫琴科	2006	AC 米兰→切尔西	4650
10	贝尔巴托夫	2008	托特纳姆→曼联	4640

二、体育商业化的利弊分析

（一）体育商业化的好处

　　体育商业化运作扩大了体育运动的影响，使体育深入社会生活的各个领域，使体育人口不断增多、体育意识不断增强。体育商业化进程提高了企业的知名度和产品的知名度，促进了企业经济效益的提高，我们通过运动竞赛认识了许多国际国内著名的品牌。体育商业化经营方式有利于体育运动的发展，有利于体育人才的流动和竞争，众多赛事有利于提高竞技运动的水平，使广大球迷能够一睹各国明星的风采及高水平的比赛。

（二）体育商业化的弊端

过度的商业化可能会影响体育的形象。奥林匹克运动的一句名言是：参与比取胜更重要。正直、勇敢、友好、竞争、向上是体育运动的魅力所在。但是，随着体育商业化的发展，过多的商业化操作可能会威胁运动员的健康和生命。频繁的赛事，使运动员上场机会增加，但同时受伤的机会也在增加。为了名次、奖金等利益，体育从业者可能会出现违法违纪现象，如运动员服用兴奋剂等。体育活动受到赞助商的操控，各种经济纠纷日益增多。

第四章　体育市场结构理论分析

第一节　市场结构理论分析

一、市场、行业及市场类型

（一）市场和行业

1．市场的含义

市场是一个多重含义的名词，以下几种含义较为常用。

（1）商品交换的场所。例如，生产资料市场、生活资料市场等。

（2）商品潜在的购买需求。这种需求包含三个要素：购买者、购买力和购买欲望，因此，市场可以用一个公式表示，即市场=购买者+购买力+购买欲望。

（3）某一个行业、某一领域的商品交换关系。例如，汽车市场、棉花市场、金融市场等。

（4）市场是物品买卖双方相互作用并得以决定其交易价格和交易数量的一种组织形式或制度安排。

我们认为，市场是指从事某一特定商品买卖的交易场所或接触点。市场可以是一个有形的买卖商品的场所，如小麦市场、服装市场；也可以是一个利用现代化通信工具进行商品交易的接触点，如网上股票市场、期货市场。

2．行业的含义

与市场这一概念密切联系的是行业的概念。行业又称部门，是指提供相同或相近产品的厂商的集合；或者说，行业是指从事国民经济中相同性质的生产或其他经济社会活动的经营单位或个体的组织结构体系，如食品加工业、钢铁行业、餐饮业等、金融行业等。

行业的发展规律一般是由自然资源密集型和劳动力密集型行业逐步向科技密集型、资本密集型、人才密集型、知识密集型行业升级，从输出自然资源逐步向输出工业产品、知识产权、高科技人才转型。

（二）市场的类型

1．市场类型划分的依据

"市场竞争程度的强弱是经济学划分市场类型的标准。"[①]影响市场竞争程度的具体因素主要有以下 4 个：

（1）市场上厂商的数目；

（2）厂商之间各自提供的产品的差别程度；

（3）单个厂商对市场价格控制的程度；

（4）厂商进入或退出行业的难易程度。

2．市场类型的划分

根据以上四个因素，经济学中的市场被划分为四种类型：完全竞争市场、完全垄断市场、垄断竞争市场和寡头垄断市场。这四种类型市场和相应的厂商区分及其特征如表 4-1 所示。

表 4-1 市场和厂商类型的划分和特征

市场和厂商的类型	厂商的数目	产品差别的程度	对价格控制的程度	进出行业的难易程度	相关市场
完全竞争	很多	完全无差别	没有	很容易	部分农产品
完全垄断	一个	整个行业唯一的产品，没有接近的替代产品	很大，但经常受到管制	很困难，几乎不可能	公用事业，如水、电
垄断竞争	较多	有差别	较小	比较容易	香烟、糖果
寡头垄断	几个	差别较小或无差别	较大	比较困难	钢铁、汽车

二、四种市场类型的特征及其效率

（一）完全竞争市场的特征及其效率

1．完全竞争市场的特征

完全竞争又称为纯粹竞争，是指竞争充分而不受任何阻碍和干扰的一种市场结构。完全竞争市场具有以下特征。

（1）市场上有大量的卖者和买者。

作为参与市场经济活动的众多厂商之一或消费者之一，单个经济单位的销售量和购买量都只占很小的市场份额，其供应能力或购买能力对整个

[①] 简新华，李雪．新编产业经济学[M]．北京：高等教育出版社，2009，第 90 页．

市场来说是微不足道的。这样，无论卖方还是买方都无法左右市场价格，或者说单个经济单位将不把价格作为决策变量，它们是价格接受者。显然，在交易者众多的市场上，若某厂商要价过高，顾客可以从别的厂商购买商品或劳务；同样，如果某顾客压价太低，厂商可以拒绝出售给该顾客而不怕没有别的顾客光临。

（2）参与经济活动的厂商出售的产品具有同质性。

这里的产品同质不仅指商品之间的质量、性能等无差别，还包括在销售条件、装潢等方面是相同的。因为产品是相同的，对于购买商品的消费者来说哪一个厂商生产的产品并不重要，他们没有理由偏爱某一厂商的产品，也不会为得到某一厂商的产品而必须支付更高的价格。同样，对于厂商来说，没有任何一家厂商拥有市场优势，它们将以市场价格出售自己的产品。

（3）所有的资源都可以在各行业之间自由流动。

厂商可以无成本地进入或退出一个行业，即劳动可以随时从一个岗位转移到另一个岗位，或从一个地区转移到另一个地区；资本可以自由地进入或撤出某一行业。资源的自由流动使得厂商总是能够及时地向获利的行业转移，及时退出亏损的行业，这样，效率较高的企业可以吸引大量的投入，缺乏效率的企业会被市场淘汰。资源的流动是促使市场实现均衡的重要条件。

（4）参与市场活动的经济主体具有完全信息。

市场中的每一个卖者和买者都掌握与自己决策、与市场交易相关的全部信息，这一条件保证了消费者不可能以较高的价格购买，生产者也不可能以高于现行价格的价格出卖，每一个经济行为主体都可以根据所掌握的完全信息，确定自己的最优购买量或最优生产量，从而获得最大的经济利益。

显然，理论分析中所假设的完全竞争市场的条件是非常严格的，在现实的经济中没有一个市场真正具有以上四个条件，通常只是将某些农产品市场看成是比较接近的完全竞争市场类型。但是完全竞争市场作为一个理想经济模型，有助于我们了解经济活动和资源配置的一些基本原理，解释或预测现实经济中厂商和消费者的行为。

2. 完全竞争市场的效率

经济学家认为，市场结构的竞争程度越高，经济效率就越高；反之，垄断程度越高，经济效率越低。完全竞争市场在四种市场类型中是竞争程度最高的，所以其经济效率也是最高的。在完全竞争市场结构下，追求利润最大化是企业的根本目标，生产同类同质产品的厂商，为了获得更多的利润，不仅会扩大生产规模，以降低成本，还会通过技术进步和提高管理水平，从而提高劳动生产率，降低平均成本；长期内，市场竞争不仅能使厂商生产效率达到最高，而且也能促进资源的配置达到最优，这正是市场这只"看不见的手"发挥作用的结果。

当然，完全竞争市场也有缺点：首先，产品无差别致使消费者的多样化需求无法得到满足；其次，完全竞争市场上生产者的规模都很小，他们没有能力去实现重大的科学技术突破，从而不利于技术进步。

（二）完全垄断市场的特征及其效率

1. 完全垄断市场的特征

完全垄断又称独占、卖方垄断或纯粹垄断，与完全竞争市场结构相反，完全垄断市场结构是指一家厂商控制了某种产品全部供给的市场结构。完全垄断市场具有以下特征。

（1）厂商数目唯一，一家厂商控制了某种产品的全部供给。完全垄断市场上垄断企业排斥其他竞争对手，独自控制了一个行业的产品供给。由于整个行业仅存在唯一的供给者，所以这家企业就是行业。

（2）完全垄断企业是市场价格的制定者。由于垄断企业控制了整个行业的产品供给，也就控制了整个行业的价格，成为价格的制定者。完全垄断企业可以有两种经营决策：以较高价格出售较少产量，或以较低价格出售较多产量。

（3）完全垄断企业的产品不存在任何相近的替代品。否则，其他企业可以生产替代品来代替垄断企业的产品，完全垄断企业就不可能成为市场上唯一的供给者。因此，消费者无其他选择。

（4）其他任何厂商进入该行业都极为困难或不可能，要素资源难以流动。完全垄断市场上存在进入障碍，其他厂商难以参与生产。

完全垄断市场和完全竞争市场一样，都只是一种理论假定，是对实际中某些产品的一种抽象，现实中绝大多数产品都具有不同程度的替代性。

完全垄断是如何形成的呢？垄断厂商之所以能够成为某种产品的唯一供给者，是由于该厂商控制了这种产品的供给，使其他厂商不能进入该市场并生产同种产品。导致垄断的原因一般有以下几方面。

第一，对资源的独家控制。如果一家厂商控制了用于生产某种产品的全部资源或基本资源的供给，其他厂商就不能生产这种产品，从而该厂商就可能成为一个垄断者。典型例子是南非德比尔公司，它控制了世界钻石产量的80%，几乎垄断了南非的钻石业。[①]

第二，规模经济的要求。如果某种商品的生产具有十分明显的规模经济性，需要大量固定资产投资，规模报酬递增阶段要持续达到一个很高的产量水平，此时，大规模生产可以使成本大大降低。那么，由一个大厂商供给全部市场需求的平均成本最低，两个或两个以上的厂商供给该产品就难以获得利润。在这种情况下，该厂商就形成了自然垄断。许多公用行业，如自来水供应、电力供应、煤气供应、地铁等是典型的自然垄断行业。如一个小县城由一家自来水公司供水，建一套水管网就可以了；如这个小县城建设多家自来水厂，每一个自来水厂分别建设自己的供水管网，则从整个社会来看平均供水成本将大大增加。

第三，专利制度的推进。专利权是政府和法律允许的一种垄断形式。专利权是为促进发明创造，开发新产品和新技术，而以法律的形式赋予发明人的一种权利。专利权禁止其他人生产某种产品或使用某项技术，除非得到发明人的许可。一家厂商可能因为拥有专利权而成为某种商品的垄断者。不过专利权带来的垄断地位是暂时的，因为专利权有法律时效。[②]一个作者可以为他的一部小说申请版权，当申请获得批准时，没有作者的同意，其他人不能印刷和销售该作者的小说。

第四，政府特许权。某些情况下，政府通过颁发执照的方式限制进入某一行业的人数，如出租车驾驶执照等。很多情况下，一家厂商可能获得政府的特权，而成为某种产品的唯一供给者，如邮政、公用事业等。执照特权使某行业内现有厂商免受竞争，从而具有垄断的特点。作为政府给予企业特许权的前提，企业同意政府对其经营活动进行管理和控制。

2. 完全垄断市场的效率

在完全垄断市场条件下，垄断厂商独家规定卖价，消费者对产品和价格都只能被动接受。垄断厂商具有控制市场的能力，它可以根据自己掌握的市场信息，在低价多销和高价少销之间进行选择，以获得最大化的利润。完全垄断企业为了维护其垄断地位，获得长期利润，有时会以低于垄断价格的市场价格出售产品，以阻止竞争对手进入市场，从而排除潜在的竞争

[①] 宋志萍. 德比尔的管理高招——国外先进企业管理经验[J]. 中国质量，2004（4）：6.
[②] 贺杰，张建辉. 美国专利制度及申请策略[J]. 工程机械文摘，2006（1）：4.

对手。

完全垄断市场有利于实现大批量、大规模生产，从而能获得较好的规模经济效益，即垄断厂商能够进行大规模生产，从而降低单位产品的生产成本，进而以较低的价格向消费者提供更多的产品；完全垄断企业依仗其垄断地位，阻止其他厂商进入，从而导致了资源不能充分流动，也使得其资源配置效率远远低于完全竞争市场；再者，完全垄断厂商由于独占市场，缺乏竞争的威胁和压力，致使企业不思进取，不愿意进行技术创新，从而阻碍了技术进步。

（三）垄断竞争市场的特征及其效率

1. 垄断竞争市场的特征

在现实中严格符合完全竞争或完全垄断条件的市场是极为罕见的，完全竞争和完全垄断是市场结构中的两个极端。介于完全竞争和完全垄断之间的市场结构，我们称之为垄断竞争和寡头垄断的市场。

垄断竞争是一种介于完全竞争和完全垄断之间的市场组织形式，但偏向于完全竞争。在这种市场中，既存在着激烈的竞争，又具有垄断的因素。垄断竞争市场具有如下基本特征。

（1）市场中存在较多数目的厂商，彼此之间存在较为激烈的竞争。由于每个厂商都认为自己的产量在整个市场中只占很小的比例，因而厂商会认为自己改变产量和价格，不会招致其竞争对手相应的报复行动。这样，所有厂商都将采取相同或类似的行动，其结果是长期中垄断竞争厂商都将获得最大限度的正常利润，单个厂商的经济利润为零。

（2）厂商所生产的产品是有差别的，或称"异质商品"。产品差别是指同一产品在价格、外观、性能、质量、构造、颜色、包装、形象、品牌、服务及商标广告等方面的差别，以及以消费者想象为基础的虚幻的差别。由于存在着这些差别，使得产品成了带有自身特点的"唯一"产品，也使得消费者有了选择的必然，使得厂商对自己独特产品的生产销售量和价格具有控制力，即具有了一定的垄断能力，而垄断能力的大小则取决于它的产品区别于其他厂商产品的程度。产品差别程度越大，垄断程度越高。但是，这些产品彼此之间又都是非常接近的替代品，或者说，每一种产品都会遇到大量相似产品的竞争，因此，市场中又具有竞争的因素。如此，便构成了垄断因素和竞争因素并存的垄断竞争市场。

（3）厂商进入或退出该行业都比较容易，资源流动性较强。垄断竞争市场是常见的一种市场结构，如肥皂、洗发水、毛巾、服装、布匹等日用品市场，餐馆、旅馆、商店等服务业市场，牛奶、火腿等食品类市场，书籍、药品等市场大多属于此类。由于行业中的厂商规模较小，其所需的资金和技术不足以构成新企业进入的障碍，因而，新厂商较容易进入该行业。反之，当行业内原有厂商受损失时，也容易退出行业。

2．垄断竞争市场的效率

在垄断竞争市场条件下，企业可以选择价格竞争——变动价格从而确定相应的供给量，也可以选择非价格竞争——改变产品质量或调整其广告和其他销售活动费用的支出，以实现利润最大化。此外，企业还可以不断扩大产品的差别程度，拓宽销售渠道，加强促销，以迎合现有和潜在不同层次的消费者需求。

由于进入和退出垄断竞争市场的壁垒较低，加上市场内企业间的竞争激烈，因此，无论是价格竞争，还是非价格竞争，都促使资源向利润较高的产业流动，而且流动的结果是使产业间的利润率趋于平均化，从而提高了资源的配置效率；在垄断竞争市场中，既有竞争对手的威胁，又有一定的垄断因素可以为技术创新提供保证，因此，垄断竞争市场有促进技术创新的作用；垄断竞争可以使厂商在长期平均成本的最低点进行生产，因此，产品的成本和价格都较低；另外，厂商间的竞争促进了产品质量的提高和服务方式的改进，满足了消费者多样化的需求，因此在一定程度上增进了消费者的福利。

当然，垄断竞争市场也会产生一些不良的市场效果，如企业规模偏小，不利于获得规模经济效益；过度的非价格竞争，尤其是广告促销密度过大，以及人为扩大产品差别的外包装过度等，会增加产品的销售成本，造成资源的浪费。

（四）寡头垄断市场的特征及其效率

1．寡头垄断市场的特征

寡头市场是指少数几个厂商控制整个市场产品的生产和销售的一种市场组织。这是一种介于完全竞争和完全垄断之间、以垄断因素为主、同时又具有竞争因素的市场结构。寡头垄断市场具有以下几方面特征。

（1）厂商间的行为相互不独立。

寡头垄断市场与完全竞争、完全垄断、垄断竞争市场厂商的一个重要差别是寡头间行为相互不独立。在完全竞争、完全垄断、垄断竞争三种市场上厂商的行为是相互独立的，每个厂商在做决策时都无须考虑其他厂商会做出什么反应。由于寡头市场上少数几个厂商生产一个产业的全部或绝大部分产量，因此，每一个厂商的行为都会对该市场发生举足轻重的影响。一个厂商通过产品降价或新产品的推出而扩大自己产品的市场，就会使得其他寡头产品的需求量下降。因为一个厂商的行为会对本产业整个产品市场发生举足轻重的影响，所以一个厂商采取某种对策扩大自己的产量，会遇到其对手采取的相应对策行为。

（2）厂商之间的竞争行为是不确定的。

一个厂商通过降价来扩大自己的市场份额可能会导致对手如法炮制。例如，一个寡头通过广告战争夺市场，也会引起对手用相同手法来遏制它的行为。当然，寡头之间也可能不是通过竞争而是通过合作的方式共同谋取好处。那么，寡头厂商间会不会相互达成协议来瓜分市场呢？回答是不可能的。因为各国的反垄断法严格禁止这种行为，而且寡头们常常为应当占有多少市场份额而争执不休。

（3）进入和退出壁垒较高。

少数厂商在资金、技术、规模、产品信誉、销售渠道等方面占有绝对优势，使得其潜在竞争对手难以进入市场，即使进入了市场也难以与之抗衡。

2. 寡头垄断市场的效率

寡头垄断市场的负面效果是显而易见的。在寡头垄断市场中，少数大厂商势均力敌，相互牵制，为避免在竞争中两败俱伤，它们会相互协调，建立价格统一战线，如卡特尔、价格领导制，以减少竞争，保障利润和限制新的厂商进入。寡头厂商可能统一抬高价格，损害消费者利益；长期的协调行为会遏制竞争，保护落后，阻碍技术进步和资源合理流动。

当然，寡头垄断在一定时期也能产生积极的市场效果。它能在竞争的前提下，使企业达到较大的规模，从而实现较好的规模经济效益；市场壁垒较高，从而避免了企业进入和退出的盲目性；大企业资金、技术、人才资源雄厚，有利于新技术、新工艺、新产品的开发和应用；在政府产业组织政策指导下，开展集团竞争，既有利于实现规模经济，又能保持产业内企业间的分层竞争；另外，寡头垄断也有利于政府对产业的政策协调。

第二节　体育市场结构分析

一、体育市场结构类型

体育市场是指在国家法律、法规和宏观调控的指导下，通过一定的交易程序和交易规则，以商品形式向人们提供体育产品或对体育物质产品和劳务进行交换的场所与交换关系。体育市场的主体是指体育产品的供给者和需求者；体育市场的客体是指体育市场的交易对象，所有可以进行商品交换的要素，包括体育服务、体育设施和体育用品都可以构成体育市场的客体。

体育市场有狭义和广义之分。狭义的体育市场是指直接买卖体育服务这种特殊消费品的场所，也就是体育场馆、健身娱乐场所、网球场、保龄球馆和项目培训点等地方，消费者通过门票、入场券的购买以及支付培训费用等方式，直接购买各种体育商品。广义的体育市场则是指全社会体育服务产品交换活动及交换关系的总和。

完全竞争只是经济学的一种理想状态，在现实世界中并不存在，因此，体育产业市场主要有完全垄断、垄断竞争和寡头垄断三种市场结构。

（一）完全垄断的体育市场

在体育领域，完全垄断的体育市场结构是一种非常现实的市场结构。在现代体育产业发展的过程中，广泛存在由一家体育组织完全支配特定范围内体育消费资料生产和销售的情况。如国际奥林匹克运动委员会就完全垄断着奥运会举办的一切权利，包括项目和规模的设置、地点和时间的选择、各项收益的处置等；国际足球联合会、国际排球联合会、国际田径联合会等专门的国际体育组织则完全垄断着各种单项国际体育赛事；一些在世界上非常著名的体育赛事，如德甲、意甲、英超、美国的篮球赛事 NBA以及中国足球超级联赛等，同样被本国的特定体育组织所垄断。

由唯一体育组织垄断某一个单项体育赛事，形成完全的市场进入与退出壁垒，排除一切可能的竞争者，以保证高额的垄断收益，是完全垄断型市场结构最为典型的特征。《奥林匹克宪章》是一部关于奥林匹克运动行为规范的国际体育法规，它对现代奥运的诞生、奥林匹克主义和奥林匹克运动的概念、宗旨、目的、任务和活动内容及其相关事项作了原则规定，内容也涉及国际奥委会的权力、职能、成员、会议和奥林匹克活动中有关周期、产权、标志、会旗、会歌、格言、徽记和火炬等方面的规定，明确规定了国际奥委会拥有关于奥运会的一切权利。例如，它所规定的国际奥委会能够利用奥运会从事商业经营的权利，就为国际奥委会带来巨大的垄断收益。国际奥委会收入的一半是通过出售电视转播权获得的。例如，仅雅典奥运会，国际奥委会就通过出售电视转播权获得 149 850 万美元的收入。另外，国际奥委会从 1985 年开始实施一项吸引世界知名企业赞助奥林匹克运动的 TOP 计划，在这个计划中试图把国际奥委会、奥运会组委会、各个国家奥委会的权力集中起来，由国际奥委会统一行使；这个计划规定，要从全球各类产业中分别挑选一家最著名且出资超过 4 000 万美元的企业作为国际奥运会的全球赞助商。目前，通过这项计划所获得的赞助收入已经达到国际奥委会全部收入的 1/3 以上。国际奥委会还明确规定，任何企业要在所生产的产品或经营活动中使用"五环"标志，必须向国际奥委会缴纳标志使用费，否则严禁使用。通过"五环"标志的出售，国际奥委会获得了占其总收入 1/10 左右的收入。

在完全垄断的体育市场上，体育组织在其控制的领域和范围里是具有唯一性的，是完全排他的。当前，无论是规模最大的奥运会赛事，还是足球世界杯赛、各个单项的国际赛事、洲际赛事以及各个国家的职业体育赛事，都毫不例外由唯一的垄断体育组织经营和管理，任何其他组织和个人都不能介入其有关事务；进入和退出这些赛事也都有非常严格的规则和程序，否则将会受到严厉的惩处和制裁。

（二）垄断竞争的体育市场

垄断竞争型市场结构是一种具有一定垄断程度但竞争性比较充分的市场结构，这种市场结构在体育产业中比较普遍。垄断竞争型市场结构中企业的主体是大量规模较小的企业，其中包括各种类型的商业俱乐部和会员制的社区体育组织。商业俱乐部是由私人投资和建设的体育企业，如保龄球馆、跆拳道馆、马术俱乐部、攀岩俱乐部、健身中心等，其经营的目的是通过广大体育消费者对其所提供的体育活动项目的参与性消费来获取最大化的利润。各种类型的商业俱乐部在每一个城市都有比较广泛的分布，它们所提供的体育消费项目既包括差别产品，也涉及无差别产品，它们为拥有更多的体育消费者而展开激烈的市场竞争。例如它们可能运用各种标准化、优质化的服务以及专家讲座、会员联谊、业余比赛、附加消费等方式不断培养忠实的体育消费者，扩大市场范围，提高企业的盈利能力；它们还会通过政府部门的行政力量获得一些特许权，运用广告投入等方式构筑策略性壁垒、不断提高产品的差异化水平等措施来形成市场进入壁垒。但是，由于这类企业规模较小、产品的技术含量不高、企业本身实力有限，因此，这类市场的进入和退出壁垒不仅程度低，而且维持时间一般会比较短暂。所以，在一般情况下，新的体育企业很容易进入这种市场中，并与原有企业展开激烈的竞争。

　　发展体育产业的目的是多元化的，其中最根本的目的是提高国民的身体素质和增加国民的福利。现代社会的政府组织功能是有限的，能够依靠财政手段为全体公民提供一定规模的体育产品和服务，但无法满足国民多样化的体育需求。垄断竞争型市场结构中的体育企业尽管主观愿望和经营目标是追求最大化的利润，但它们必须通过为居民提供高质量的、多样化的体育产品和服务来实现其经营目标，因此，客观上为提高国民素质和增进国民福利做出了贡献。商业俱乐部由于其性质是私人性质或混合性质的企业组织，其经营受到严格的市场约束，所提供的体育产品必须根据市场需求进行组织，因此它要比政府组织更有效率。从国内外的情况来看，凡是国民身体健康指数和国民福利水平较高的国家，各种类型的商业俱乐部也都十分发达，居民的参与程度都非常高，商业俱乐部实际上承担了政府应该承担但又无力承担的职能。商业俱乐部的广泛发展真正实现了政府、商业俱乐部、居民个人之间的三赢：从政府方面看，国民的身体素质得到提高，国民福利水平有所增加，同时体育产业成为国家经济发展的新增长点和发动机；从企业方面看，从事了一个有远大发展前途的朝阳产业，实现了其利润最大化的经营目的；从居民个人方面看，满足了其多样化的体育需求，身体更加健康，精力更加充沛，精神更加愉悦，福利水平显著提高。

　　会员制的社区体育组织在一定程度上也具有垄断竞争市场结构的特征，它是由具有共同爱好、共同兴趣的人们以缴纳会费和接受赞助的方式组建起来的非营利组织，其管理者一般是职业管理者或志愿者。首先，会员制的社区体育组织对其会员数量有比较严格的限制，因此这种体育组织具有垄断的一面。其次，社区体育组织也具有竞争性特征，能否组织高质量的体育活动并形成品牌，决定着其能否拥有高水平的会员和能否得到更多的资金支持，当然也决定着其发展的前景，因此，不同社区体育组织之间会因吸引高水平会员的加入和筹措足够的活动资金而展开竞争。然而，社区体育组织并不是市场经济条件下体育产业组织的主导形态，只是一种对商业体育俱乐部等主导形态的有益补充。

（三）寡头垄断的体育市场

寡头垄断的市场结构同样是一种广泛存在的体育市场结构类型。从经营主体主营业务角度来划分，体育产业可以分为竞技体育经营业、体育广告业、体育彩票业、体育娱乐业、体育建筑业、体育旅游业、体育用品业。其中体育用品业、体育广告业、竞技体育经营业最具有寡头垄断市场结构的特征。"例如，1995 年美国的体育用品市场零售总额约为 126 亿美元，其中 72%的产品由 4 家大型体育用品跨国集团经营；竞技体育经营业在美国收入最高的是拳击、橄榄球、棒球、篮球等，其赛事经营基本上也是由为数不多的几家公司垄断经营；在美国的体育广告业中，大型赛事的广告经营也主要由四五家大型广告公司所控制。"①

就竞技体育经营业而言，如果从提供体育服务产品的体育组织来看，其寡头垄断的特征也非常明显。

首先，尽管单个体育项目的赛事市场是由完全垄断性质的体育组织所控制的，但就同类项目和不同项目在同一区域的举办而言，不同的垄断组织之间存在着非常激烈的市场竞争。在某一个区域范围，属于不同垄断组织控制的体育赛事可能在大致相同的时间举办，这就意味着现场观众、电视观众、电视转播组织、赞助商、赛场广告发布申请人都有着充分的选择权。不同的赛事组织者为了获得最大化的收益，必将展开激烈的竞争，以获取更多的现场观众、电视观众、最佳的电视转播时段、最多的电视转播场次、更多有实力的赛事赞助商以及更多的赛场广告收入。由于寡头们的竞争在许多时候是恶性的、有巨大破坏力的，因此，寡头们为了避免两败俱伤，往往会坐下来就比赛时间、电视转播时段及次数、赛场广告等方面的问题进行谈判，从而形成有关问题上的默契或协议。例如，属于同类比赛的欧洲的西甲、英超、德甲、荷甲、意甲等，属于不同比赛项目的美国的橄榄球职业赛事、网球职业赛事、篮球职业赛事、棒球职业赛事等，都存在以上方面的竞争问题。

其次，每一个体育垄断组织对自己所掌控的体育赛事有着高度的垄断权。例如，他们有权制定竞赛规则，规定参赛队伍的数量及分布、进入的条件以及每支队伍的运动员人数，确定赞助者的条件及赞助费，决定电视

---

① 曹可强. 体育产业学概论[M]. 上海：复旦大学出版社，2004，第 161 页.

转播权的价格及比赛收入的分配，实施指定标志产品和专用产品等计划；他们还专门设立比赛纪律处分机构，对违反规定的参赛者按一定程序运用取消资格、禁赛、罚款等各种不同的措施进行处罚和制裁；他们也建立了专门的仲裁机构对比赛过程中发生的争议或争端进行仲裁。经过不断的探索和调整，每一个体育垄断组织都已经建立起非常完善的运行机制，形成了一个具有高度独立性的体育王国。

再次，寡头垄断市场具有很高的进入和退出壁垒。寡头垄断市场的基本格局形成以后，任何组织或个人试图进入或退出已有的体育组织是非常困难的。例如，1998 年米兰媒体合作公司与英格兰利物浦队、意大利尤文图斯队及 AC 米兰队酝酿组织欧洲足球超级联赛，试图摆脱由欧洲足联主办的冠军杯、优胜者杯、联盟杯三大赛事，受到国际足联、欧洲足联等方面的强烈反对而中途夭折。这个案例说明，一旦寡头垄断的市场格局形成，几乎是不可能容许其他组织和个人进入的。当然，新的体育企业能否进入到这种市场中，主要取决于已有寡头垄断组织力量是否强大和试图进入的新的体育组织是否具有足够的实力。

二、体育市场结构的决定因素

（一）市场集中度

市场集中度是用于表示在特定产业或市场中卖者或买者的数量及其相对规模结构的指标。由于市场集中度能够反映特定产业或市场中的垄断与集中程度，所以产业组织理论把市场集中度作为考察市场结构的首要因素。市场集中度可分为卖方集中度和买方集中度，前者主要反映产业内生产的集中情况，后者主要反映特定市场购买的集中情况。买方集中的现象往往只出现在某些特殊的行业，因而人们研究市场结构时主要研究卖方集中度。

市场集中度的高低由多种复杂因素共同决定，如企业规模的大小、市场容量的大小、行业进入壁垒的高度、横向兼并的自由度等。通常人们认为企业规模和市场容量是决定市场集中度的关键因素。

首先，如果特定产业的市场容量不变，少数企业的规模越大，市场集中度就越高。总的来看，企业存在着规模扩张的内在冲动。为了获得规模经济效益，企业会努力把生产规模扩展到单位产品的生产成本和销售费用最低的水平；企业能够通过扩大生产规模和提高市场占有率，在行业中形成一定的垄断力量，从而为获取垄断利润创造条件；由于企业规模的扩大往往被社会公众作为企业家能力的标志，所以企业规模扩大也会成为企业家主动追求的目标。技术进步也是企业规模扩大的重要推动力。技术进步的突出表现是新的机器设备、新的生产工艺的使用，这使得生产的效率大大提高，企业规模也因此而迅速扩大；特别是在一定时间范围内的独占式技术进步，极有可能使企业规模扩张具有持续性，从而加速了企业成长的进程。此外，政府的政策和法律能够成为企业规模迅速扩大的加速器。尽管为了保持经济的活力，许多国家都会制定反垄断法规，对大规模的企业联合和兼并行为进行限制，但是，经济全球化使每一个国家的企业都要面临不同国家同类企业的竞争，要提高本国企业的国际竞争力，政府必须放宽企业兼并和联合的有关限制，甚至采取措施打造有强大实力的巨型跨国公司。

其次，市场容量的变化将会在相反的方向上影响市场集中度。导致市场容量变化的因素主要有经济发展的速度、居民收入水平及其消费结构的变化、国家的宏观经济政策等。通常在市场容量缩小或不变的情况下，大企业会试图通过加强兼并来争取更大的市场垄断力量，以获取更多的利润，从而会提高市场集中度；反之，市场容量扩大则有利于降低市场集中度。当然，当市场容量扩大时，处于竞争优势的大企业往往会获取更有利的扩张契机，只有市场容量的增长率高于大企业的扩张速度时，市场集中度才可能降低。

运用市场集中度原理来分析体育市场结构，我们发现体育市场的集中度表现出两个特点。

第一，竞技体育经营业、体育用品业、体育广告业市场集中程度最高，其集中度高于大多数产业部门的市场集中度。竞技体育经营业基本形成了完全垄断的市场结构和寡头垄断的市场结构，大部分赛事组织都是由一家赛事组织机构完全控制或在区域范围内由几家赛事组织机构分别控制，因而其市场集中度甚至可以达到 100%。体育用品业市场集中度也非常高，从美国商务部的有关资料看，美国体育用品市场 70%以上的份额是由四家最大的体育用品企业所控制；而在其他大多数产业部门，该产业四家最大的企业所控制的市场份额都低于 70%，即使垄断程度很高的石油部门，四家最大的企业所控制的市场份额也不足 40%。另外，美国体育广告业的市场集中度也很高，大型赛事的广告经营主要由四五家体育广告公司控制。

第二，体育休闲健身市场集中度非常低。体育休闲健身市场的典型特点是消费者的需求具有高度的多样性、复杂性，少数企业很难满足数量巨大、偏好各异的体育消费者的需求。在这种市场上，企业只能认真进行市场细分，结合体育人口的空间分布，选择最为有利的经营方向，确定最佳的经营规模和企业区位，否则很难生存与发展。体育休闲健身市场的特点决定了进入这一领域的企业资本规模不会很大，从而使得这一市场的集中度处在一个比较低的水平。

（二）产品差异化

市场集中度并不能完全反映产业组织的垄断和竞争的程度，在产品差别程度十分显著的情况下，即使市场集中度很高，也可能出现激烈的市场竞争，从而使市场表现出许多垄断竞争的特点。

产品差别化是指企业在向消费者提供产品时，通过各种方法造成足以引发消费者偏好的特殊性，使消费者能够把该产品同其他竞争性企业提供的同类产品有效的区分开来，以达到在激烈的市场竞争中占据有利地位的目的。产品差别化是一种有效的非价格竞争手段，企业通过实施产品差异化战略，能够让消费者感知企业所提供产品的独特性，产生对这些产品的偏好和忠诚，从而影响他们的购买行为，甚至使其不惜支付更高的价格。产品差异化形成的途径非常多，主要包括：加大研发力度以便及时优化产品的结构、功能和质量；设计与众不同的产品外观、包装；赋予不同的品牌；提供更为特殊、优质的服务；采用不同的分销渠道；新颖独特的广告和促销活动。产品差异化的核心就是形成可区别性和不可替代性，并使市场结构逐步向着垄断竞争的市场结构发展，最终甚至可能演变成寡头垄断和完全垄断的市场结构。产品差异化对市场结构的直接影响主要有两个方面：一是企业通过扩大产品差异化程度，可以保持或提高企业的市场占有率和市场集中度，其垄断程度也得以维持或提高，即使规模较小的企业也会因此改变自己在整个行业中的地位；二是现有企业实施产品差异化战略可以使消费者对该企业的产品形成特殊的偏好和一定的忠诚度，这对试图进入市场的新企业来说，实际上构成了一定程度的进入壁垒。

体育产业作为一个重要的产业门类，同样存在着产品差别化问题，而体育产业的特殊性又使产品差别化表现出自己的特点。从竞技体育经营业来看，不同赛事组织者所提供的体育服务产品是有一定差别的，如奥运会与足球世界杯就因内容和形式上有着许多不同而形成差别。但是，这类赛事又确实存在相当程度的替代性关系，因此，国际奥委会与国际足联往往通过协商对比赛时间和比赛地点进行调整，以避免双方对体育消费者的争夺。同样，欧洲三大足球赛事之间尽管存在差别，但同样存在较高程度的替代性关系，因此，三大赛的组委会也会就比赛时间和比赛地点进行协商。此外，处于同一联赛的俱乐部，为了争夺观众和电视转播权的销售，会采取多种多样的产品差异化策略，如引进超一流体育明星加盟、组建表演水平很高的啦啦队、营造气氛非常热烈且富有个性的赛场环境、为消费者提供附加消费等，使其提供的产品具有更多的特色，从而提高产品的差别程度和市场集中度。体育休闲健身市场的产品差别化程度要比竞技体育经营业市场高得多。出现这种情况的原因是，体育休闲健身产业所面对的消费者数量巨大但偏好各异，而且消费者居住分散，又有就近消费的特点，这就使得体育休闲健身企业必须提供符合不同消费者需求的差别产品，以满足消费者多样化的需求。

（三）进入和退出壁垒

产业经济学对市场进入和退出壁垒的分析，主要是从新企业进入市场的角度考察产业内原有企业和准备进入的新企业之间的竞争关系，以及所引起的市场结构的调整和变化。市场进入和退出壁垒反映了特定市场中潜在的、动态的竞争与垄断的程度。

进入壁垒是指潜在企业或新企业在同原有企业展开竞争时所遇到的不利因素。进入壁垒主要由绝对成本优势、规模经济、产品差异化、政策法律制度、组织进入策略行为等五个因素构成。绝对成本优势是在特定的产量水平上，现有企业能够比新企业以更低的成本生产出同样的产品。由于原有企业具有低成本生产能力，使得新企业在进入市场时与原有企业相比处于竞争劣势。原有企业的绝对成本优势主要源于对先进生产技术的控制，优先获得包括企业家才能在内的高级稀缺资源的能力，以及从供应商那里以更优惠的价格获得包括原材料在内的投入要素的能力。规模经济壁垒在于新企业进入某一产业的初期，很难形成规模经济，相对于原有企业其生产成本要高得多，从而在竞争中处于劣势地位。在产品差别化程度较高的行业中，产品差别往往是构成进入壁垒的一个更为重要的因素。原有企业通过长期的努力，已经形成有较高知名度和美誉度的品牌，拥有具有很高忠诚度的消费者群，新企业要突破产品差别化壁垒，从原有企业那里争取消费者，要付出很高的成本。政府的政策与法律同样也会构成新企业进入一个行业的壁垒。如政府对原有企业给予的进出口许可证、差别性的税收、专利制度以及政府制定的产业规模控制政策都会成为阻碍新企业进入的壁垒。除此之外，在寡头垄断行业中，寡头们所实施的利润率控制措施、针对新企业制定的歧视性价格等策略和行为，也会阻止新企业的进入。

退出壁垒是指企业主动或被动退出某一产业部门时，却难以退出的情况。退出壁垒主要由资产的专用性、沉没成本、解雇费用、政府政策法规限制构成。通常资产的专用性越强，沉没成本越大，企业越难以退出；企业要退出某一产业部门，必须解雇工人，这就要支付数额很大的退职金、解雇工资，即使继续留用工人，也要支付相当数量的转岗培训费用；政府也会对一些公用事业部门、特许经营部门制定特殊政策法规，以阻止其随意退出。

体育市场的进入和退出壁垒存在两种极端的情况。体育赛事市场是进入和退出壁垒都很高的市场，而体育休闲健身市场则是进入和退出壁垒很低的市场。体育赛事市场的完全垄断市场结构特征和寡头垄断市场结构特征主要是通过很高的市场进入和退出壁垒体现出来。所有的具有重要影响的赛事组织机构都制定有非常详细的章程和各种规则，对体育赛事市场的进入和退出进行了严格的限制。所有的成员组织和运动员必须严格遵守这些章程和规则的要求，否则将会受到严厉的惩处。对成员单位而言，如果违背了有关规定，将会受到取消会员资格、停止各种活动、断绝经费支持、处以巨额罚款等多种形式的惩处；运动员如果违背了有关规定，也会受到停赛、禁赛、终身禁赛、罚款等形式的处罚。成员单位要想退出赛事也十分困难，退出行为将面临很高的风险。体育休闲健身市场类似于其他大众服务业，企业数量多、规模小，企业自身难以设置进入壁垒，政府的产业政策往往又是持鼓励态度，因此，这类市场的进入壁垒和退出壁垒非常低。

第三节　体育市场结构理论应用

一、中国体育产业的市场结构、市场行为及市场绩效分析

（一）市场结构分析

体育市场结构是指构成体育产业的厂商之间、消费者之间，以及厂商和消费者之间关系的规定因素及其特征。以下将按照细分行业，对我国体育产业的市场结构进行分析。

1. 体育竞赛表演业

我国的竞技体育主要由政府体育主管部门负责，体育竞赛表演业的产品主要由参加各类体育比赛的国家运动队、职业体育俱乐部和体育院校高水平运动队提供。实际上，国家体育总局直属的各运动项目管理中心直接管理着我国的体育竞赛表演市场，其中包括各地方体育局所属专业队和业余队的全国比赛、职业联赛、全国锦标赛、冠军赛以及商业比赛与表演等；各省市体育局则主管本地的体育竞赛表演市场。可见，我国体育竞赛表演市场的管理实行的是国家和地方两级管理体制。运动项目管理中心是全国性赛事及职业联赛的所有者，既有主办权，又有赛事经营权；既管理全国性的赛事，也领导竞赛市场的经营与开发，从而形成了管办合一的运行机制。

职业体育俱乐部在运动项目管理中心的协调下结成垄断联盟——对运动员的垄断，如控制运动员的买卖，同时也控制运动员的工资，防止潜在竞争对手的出现和成长等。正是在这种机制之下，形成了我国体育竞赛表演业的垄断经营。我国体育竞赛表演市场的供给主体是国家或地方利益集团，各项目的市场产品供给商很少，加之行业管理和进入的成本很高，致使该行业的进入壁垒非常高。如在《中国足球协会注册工作管理暂行规定》中就规定职业俱乐部必须是独立的企业法人，中超俱乐部注册资金不得少于3000万元等。基于上述原因，我国体育竞赛表演业内的"厂商"数量受到严格控制，其市场结构属于寡头垄断市场。

2. 体育健身娱乐业

体育健身娱乐市场是体育市场的主体之一，是广大人民群众参与其中的消费市场，它随着人们收入水平提高和消费结构变化而快速发展起来。由于群众健身娱乐消费支出的增加和消费内容的多样化，吸引了更多的社会组织、个体企业和其他中小型企业投资于大众体育健身娱乐项目，如健身健美、保龄球、台球、网球、羽毛球、乒乓球、武术、游泳等。特别是东南沿海经济发达地区，中小型体育企业如雨后春笋般兴起。经过多年的发展，我国的体育健身娱乐业呈现出垄断竞争市场的特征。

由于政府行政垄断因素的存在，我国的健身娱乐业在发展过程中出现了如下问题：目前全民健身娱乐业缺乏统一的政策体系；绝大多数体育健身娱乐企业资质不高，在资金、规模上不具备推出新品的能力，在观念上不具备创新的意识，在市场上不具备捕捉机会的本领；全民健身娱乐业中的专业人才严重缺乏，社会体育指导员人数严重不足。

3. 体育经纪业

体育经纪业是市场经济的产物，它是为体育产品买卖双方提供信息、联络、公证和协调等服务的行业。它活跃在体育竞赛表演业、体育培训业、体育金融保险业等多个部门，对体育市场的发展产生了较大的影响。我国的体育中介机构尚处于发展的初始阶段，国内体育经纪公司还比较少，如上海希望国际体育经纪有限公司、广东鸿天体育经纪有限公司和中国长城国际体育传播有限公司等。另外，国外一些大型中介公司也逐步进入我国，如 IMG（国际管理集团）代理了中国足球甲 A 联赛，ISL（国际体育娱乐公司）在破产前代理了几个中国国家队的运动项目等。

改革开放以来，我国涌现出许多为体育市场提供服务的中介服务机构（事业、企业）和个人，如各种广告公司、公关公司、文化体育传播公司、咨询公司、推广公司等。1999 年以来，北京、上海、广东等有关部门颁布了地方性体育经纪人管理办法，举办了体育经纪人培训班，也颁发了地方性体育经纪人证书。目前，体育经纪人一般由省市体育局和工商局共同管理、培训、考试和核发证书，对经纪人及经纪机构进行从业资格审查和登记注册的工作也由以上两个部门共同负责。但是，我国体育经纪人大多是通过与体育组织或运动队的内部关系获得经纪业务，其业务范围也局限于国内；即使有些经纪人有国际执照，能代理国际业务的经纪人也很少。目前，国内赛事是由各运动项目管理中心统一安排的，运动员的训练经费主要由地方政府支出，所有的专业运动员都必须在体育总局项目管理中心和地方运动项目协会注册，运动员属于地方体育局或地方项目协会，体育局或运动协会相当于接受政府委托作为运动员的代理人；全国性比赛均要由运动中心或地方协会报名参赛，无论什么级别的运动员都无权向赛事组织者提出个人报名要求。正因如此，体育经纪人在国内提供中介服务的机会非常少，我国体育经纪业属于由各项目管理中心和地方体育协会分别垄断的寡头垄断市场。

4. 体育用品制造业

新中国成立后，在党和各级政府的关心支持下，我国体育用品业经历了一个从小到大、从仿制到创新、从计划到市场、从封闭的自给自足到走向国际市场的成长过程，取得了令人瞩目的成绩。到了 20 世纪 80 年代，我国就已经形成了以北京、天津、上海和广州为基地的近百家体育用品生产企业，基本满足了我国体育事业发展的需要。但是，在计划经济时期，我国体育用品企业大多是隶属轻工系统的小厂。

随着市场经济的发展，这些企业从产品的开发到经营理念，已经不能适应新形势要求。随着体育产业的发展和大众社会需求的日益增加，一大批合资、独资、集体、私营个体企业脱颖而出，在很短的时间里，一个跨系统、多种经济体制并存的中国体育用品业得以茁壮成长。如广东省、福建省的体育用品制造业发展速度就非常快，并且其绝大多数体育用品制造企业都以对外加工为主。另外，我国加工着几乎所有的世界名牌运动鞋、运动服、羽毛球（拍）、乒乓球（拍）、网球（拍）、棒垒球、高尔夫器材、滑雪器材等体育用品。与此同时，一些知名体育用品制造企业，如韩国的渔具和制球企业、日本的制衣企业，中国台湾的运动鞋企业和健身器材生产企业，也相继在全国各地落户。目前，我国体育用品制造业已结束了几十年由一个系统独家生产、独家管理的历史，其市场结构步入了一个由垄断经营向垄断竞争过渡的发展阶段。

5. 体育信息传播业

体育信息传播的主要媒体包括报刊、广播、电视、互联网等。我国的信息传媒的性质都是国营，由国家统一管理，其他行业或个人无权经营，因此，体育信息传播业的垄断程度相当高。按照国际惯例，体育赛事的版权和传播权应归体育赛事组织者所有，体育传播机构需要将比赛信息传递给观众并从播出广告中获益，应当向组织者购买转播权，如奥运会电视转播权的拍卖等。在我国，中央电视台对奥运会、亚运会、世界杯足球赛、全运会、城运会和少数民族运动会等重要赛事的转播具有独家购买权，实际上形成了对体育赛事转播的买方垄断。

6. 体育金融保险业

体育金融保险业涉及对运动员个人或团队的保险、体育彩票的发行、体育基金和奖券、体育博彩、体育融资等方面。目前，我国政府批准的彩票只有两种：体育彩票和福利彩票。国家体育总局按照有关规定，严格执行国家的政策，保证体育彩票事业的健康发展。如足球彩票的主管部门是国家财政部和国家体育总局，体育总局彩票管理中心负责拟定足球彩票发行区域、销售方式与规则，经国家体育总局审核、财政部批准后方可实施。这种统一管理、统一发行的模式是典型的垄断经营模式，但这种垄断经营对于控制非法的地下投注活动、维持金融秩序的稳定有积极作用，这也是发行体育彩票国家的普遍做法。

在市场经济发达国家，体育保险已经相当完善，运动员或社会大众自费训练和比赛一旦遇到伤害事故，只要曾经投保，就会得到全面的理赔服务。目前，我国国家队运动员和俱乐部的职业运动员，都由其所在的运动队或俱乐部集体购买运动伤残保险，各省市的专业运动员以及各级业余体育运动学校和大专院校的运动员还没有参加保险。我国体育保险的参加主体主要是体育组织，只是对一批运动员或一次赛事进行投保，从而弱化了运动员个人的投保意识，也导致体育保险市场需求不足。

此外，随着我国全民健身运动的广泛开展，大众对体育活动场地的要求越来越高，对掌握科学的体育健身知识和方法的渴望也越来越强烈，从而带动了体育场地服务业和体育培训业的发展；而体育商业服务业和体育广告业，则因其高附加值和高回报率，业已成为社会资金投资的热点和重点。上述四个体育产业部门主要依附于体育产业其他部门的发展而发展，其市场集中度较低，产品差别较小，进入壁垒较低，属于垄断竞争的市场形态。另外，体育建筑业由于需要的建筑技术含量较高，其市场结构属于垄断程度较高的寡头垄断类型。

（二）市场行为分析

体育市场行为就是各类体育企业（组织）在市场上为了获取最大利润和更高的市场占有率所采取的战略性行动，通常包括价格行为、非价格行为和组织协调行为。其中，价格行为体现了在企业为了实现利润最大化，以控制和影响价格为直接目标的活动；而非价格行为则体现了企业为提高市场集中度的其他有效手段，包括产品与技术开发、广告行为以及营销手段等；组织协调行为则体现了企业通过资产的重组和重新整合（如合并、兼并、联合等）以盘活资产并提高市场占有份额的活动。以下分别对体育产业中的三种市场行为进行分析。

1. 价格行为

在垄断竞争的体育市场中，如体育健身娱乐业、体育场地服务业、体育培训业、体育用品业、体育商业服务业和体育广告业等部门，各企业往往是通过价格战，进一步提高其所控制的市场份额，增加其销售数量，稳定和维护其固定的消费群体，从而获得较高的收益。

而在寡头垄断的体育市场中，无论是体育竞赛表演业、体育经纪业、体育信息传播业、体育金融保险业，还是体育建筑业，各企业（组织）为了避免两败俱伤，主要是建立价格联盟或实行限制性定价，甚至形成业内约定俗成的价格，以获取最大的收益。如在体育信息传播业中，体育赛事组织者为了扩大影响，保证赞助商的利益，只能与体育信息传播集团妥协，以较低的（甚至是完全免费的）价格出售赛事转播权，从而形成该行业内部的限制性价格。

2．非价格行为

在垄断竞争的体育市场中，像体育健身娱乐业、体育场地服务业、体育培训业、体育用品制造业、体育商业服务业和体育广告业等部门产业，经过多年的发展，已由少数企业独享市场利润的卖方市场变成了更多企业参与竞争的买方市场。简单的销定产策略没了出路，企业只能转而去开发和创造市场，依靠自身的实力引导大众消费的发展方向。我国体育用品的市场，企业竞争的焦点已不再是商品低廉的价格，而是在产品的品牌内涵上下工夫，即从技术、质量、价格到推广和市场开拓等环节努力提高产品的市场竞争力。

而在寡头垄断的体育市场中，如体育竞赛表演业、体育经纪业、体育信息传播业、体育金融保险业、体育建筑业，行业的非价格竞争行为往往是通过政府自上而下地、以制度建设为途径来引导实施的。在我国体育竞赛表演业的职业联盟中，首先由项目管理中心通过"创新市场开发合作模式"、"严格准入制度"、"改革联赛赛制"等方式推动的一系列改革，然后才出现了职业俱乐部通过球员买卖等方式进行竞争博弈的非价格行为。

3．组织协调行为

在体育市场竞争日益激烈的今天，无论是在垄断竞争的体育市场中，还是在寡头垄断的体育市场中，各类企业为了获得最大利润，除了合理运用营销组合（产品策略、价格策略、促销策略和分销策略）进行市场竞争之外，还着力通过企业的联合、合并或兼并等组织协调行为，提高市场集中度，改变市场结构，以实现共同的利益最大化，组建企业集团就是其常用的手段之一。

企业集团是指相互之间有内在技术经济联系或共同经济利益的多个企业，在自愿的基础上，通过协商组成各种不同结合方式的联合体，以发挥整体运营的优势。它是市场经济发展的必然产物，是企业为提高市场竞争能力，追求规模经济效益，追求多元化经营的必然结果。从企业集团组成部分间联系看，可分为松散型的联合、半紧密型的联合、紧密型的联合等几种类型；集团形成的方式很多，主要有经济协议、经济合同、相互参股、投资、控股，还可以采取承包、租赁、兼并等多种形式，其中股份制的联合形式是目前最普遍的形式。大企业的优势来源于组合效应：大企业可以把多个生产和交换环节内部化，从而节省交易费用；大企业可以通过多元化经营组合生产要素，优化资本结构，降低和分散经营风险；大企业还可以通过成本和利润的内部调整节省开支，合理避税；同时，大企业还会采取合并、收买等方式扩大规模，提高市场集中度。

在建立体育企业集团方面，一个典型案例是青岛双星集团的兼并案。2001年青岛双星吸收合并华青股份，为其打开了另一扇发展之门。在完成对原华青股份的吸收合并之后，公司主营业务的范围由单一的鞋类制造、销售拓展到了橡胶轮胎、铸造机械、橡塑机械及绣品的制造和销售。青岛双星集团的这一兼并行为属于垂直兼并，它将处于原料供给阶段的橡胶生产企业兼并，既达到了规模生产的目的，又使企业从单一生产、经营体育用品转向了多种类、多产品的经营模式。随后，双星又在2003年兼并了青岛的一家纸厂，并于2004年成立了青岛双星马力胜利纸业有限公司。青岛双星的这次兼并行为属于混合兼并，它使青岛双星这个原来的单一产品链企业转变为一个多产品、多行业的集团企业。像青岛双星这种垂直兼并和混合兼并的行为在我国体育用品产业的发展史上尚属首次，其后体育产业内的类似组织协调行为逐步增多。

（三）市场绩效分析

体育市场绩效是指在一定的市场结构下，通过一定的体育市场行为使体育产业在价格、产量、费用、利润、产品的质量和品种以及技术进步等方面所达到的现实状态，它反映的是体育市场的运行效率高低。

对于我国体育产业的垄断竞争行业，像体育健身娱乐业、体育场地服务业、体育培训业、体育用品制造业、体育商业服务业和体育广告业等，市场集中度低，各类企业间竞争激烈，企业基本是价格的被动接受者，产品价格水平趋于下降并接近产品的平均成本；企业之间在产品花色品种、质量、技术、销售及售后服务等方面展开激烈竞争，导致企业的兼并、破产与大量新企业的出现。这种市场的新陈代谢给体育产业发展带来了活力，但也在一定程度上造成资源浪费。

而在体育竞赛表演业、体育经纪业、体育信息传播业、体育金融保险业、体育建筑业，数量很少的企业（组织）占有或支配着大量的生产要素，形成集中度很高的卖方市场，即大集团支配市场并获得超额利润。在这种卖方垄断之下，由于缺乏竞争者，大企业（组织）对产品质量、售后服务、技术与新产品开发的关注程度不高，导致了整个社会的福利损失。

二、职业体育联盟的垄断及其维持

19 世纪 60 年代发生的产业革命，奠定了现代职业体育发展的基础。随着奥运会对职业体育限制的取消以及电视转播技术的普及与发达，职业体育超越了体育竞技固有的概念和范围，形成了职业体育市场，并成为经济发展的新领域。可以说，职业体育联盟制度对于西方经济发达国家职业体育产业的成功具有举足轻重的作用。职业体育联盟不仅是一种组织形式，更是一种制度安排，球队的数量直接影响到联盟整体行动的逻辑。球队数量的多寡决定了联盟是否会出现由于个体非理性所导致的集体非理性现象，联盟往往基于联盟的最佳规模考虑采取一些控制措施和手段。

（一）职业体育联盟的垄断性及其团队生产性质

随着职业体育的快速发展，职业体育俱乐部和职业体育联盟等组织形式对于繁荣职业体育市场起着越来越重要的作用。职业体育的市场集中度逐渐提高，逐步形成了垄断的市场结构。职业体育联盟（体育协会）是职业体育服务产品的唯一供给者，在同一运动项目中具有垄断性，其相应的职业体育服务产品具有不可替代性，缺乏来自类似产品的竞争。如美国 NBA 职业篮球联盟赛事和英超等职业体育联盟赛事的供给等。

1972 年，阿尔钦和德姆塞茨在《美国经济评论》中的《生产、信息费用和经济组织》一文中提出了"团队生产理论"。职业竞技体育的本质特征是竞争，而要产生竞争就必须有两个以上竞争对手参加；职业竞技体育人员（竞争对手）通过竞争合作，生产以运动形式存在的服务产品；而为了达到竞争的目的，参与服务生产活动的竞争对手必须分属于不同的利益主体，从而使其具有团队生产的性质。在职业体育市场中，职业体育服务生产是由职业体育联合会、协会或联盟之类的组织计划安排的。职业竞技体育团队生产既需要一方俱乐部队员在服务生产过程中的单方面协同、配合活动，同时又需要不同参赛方队员参与的竞争合作活动。从职业体育团队生产人数和资格条件看，职业体育团队生产对参赛资格条件具有严格的限制和规定，并且通过市场竞争的过程，控制着球队的进入，从而产生了重组后的、具有更高生产能力的团队，并由此维持了职业体育市场团队生产的效率。

（二）职业体育联盟俱乐部的进入与退出

1. 职业体育联盟的进入与退出壁垒

从经济学的相关理论分析来看，某一市场的容量和生产资源是有限的，新的企业进入该产业，必须与该产业中原有的企业展开市场份额和资源的竞争。市场进入与退出壁垒是从新企业进入市场的角度来考察产业内原有企业和准备进入的新企业之间的竞争关系，以及最终反映市场结构的调整和变化。进入壁垒指某产业内已有企业或组织对准备进入或正在准备进入该产业的新企业所拥有的优势，或者说新企业在进入某产业时所遇到的不利因素和限制。而所谓退出壁垒是指某企业停止作为产品供应方而撤出其资源的阻力。从理论上看，进入壁垒与退出壁垒是同垄断势力相联系的，市场进入壁垒越高，企业的市场进入率就会越低，市场的集中度就越高，从而越容易产生垄断；反之，进入壁垒越低，企业的市场进入率就越高，从而市场集中度越低，垄断产生的可能性也就越低。职业体育市场俱乐部之间的竞争与合作关系取决于职业体育市场的进入和退出壁垒的高低，其进入壁垒主要表现在职业体育市场资源获得的绝对费用和政策法律制度等方面，而退出壁垒的构成因素主要有资产专用性、沉没成本、与人力资本专业化相关的解雇费用以及政策法律的限制等。

2. 联盟俱乐部的进入与退出

目前，世界职业体育联盟主要采取了北美职业团队体育模式和欧洲职业团队体育模式两种形式，前者实施封闭式的"授权制"，后者则主要实施开放式的"升降级制"。从国内外职业体育联盟发展历程来看，成熟的职业体育联盟往往有限制新俱乐部球队加入的倾向，以确保俱乐部的品质，有效地控制联赛规模。

英超俱乐部许可证制度从基础设施标准、竞技标准、经济财务标准、法律标准以及人事与行政管理标准等方面对俱乐部资质进行全面审核，从而有效控制着联盟规模。虽然英超联盟实行升降级制度，联赛积分是在其他标准基础上判断俱乐部能否获得联赛参赛资格的关键依据，但俱乐部财务状况也是对其进行审核的重要内容。俱乐部的进入与退出主要在英超联盟和英冠联盟之间进行，表现为升级俱乐部和降级俱乐部股权的更替。英超联盟对俱乐部准入条例特别设定了行政托管制度，"按照联盟的规定，无法负担债务的俱乐部主要是采取债主接管和行政托管两种方式来进行处理。按照英超联赛手册"体育制裁"的规定，在一个俱乐部或其母企业破产的情况下，若俱乐部的债务无法到期偿还，等待它们的很可能是行政托管以及扣除 9 个联赛积分的处罚；若俱乐部能够还清债务，将不会遭到扣除积分的处罚。"[1]基于上述规定，英超俱乐部负债过多或拖欠球员工资，将被勒令进入行政托管状态；否则，将会失去联赛俱乐部的参赛资格。

NBA 联盟的进入壁垒是指 NBA 联盟（多指联盟董事会）对潜在进入者的阻挡能力。如果有投资者想投资组建新的 NBA 球队，那么投资者要具备一系列的硬件和软件要求。NBA 联盟要求新进入联盟的俱乐部球队必须向联盟缴纳加盟费用，从而有效地对联盟规模和质量进行调控。联盟俱乐部主动退出或被动退出，准入费用一般无法得到补偿。同时，联盟对训练、比赛场馆、交通工具、休息室等基础设施的要求十分苛刻。例如，联盟要求俱乐部必须按照高标准建设球馆。此外，联盟为了保证新加盟球队市场经营开发能力能促进联盟的整体发展，对俱乐部市场经营能力有着一系列的规定。NBA 联盟根据美国政府对其特殊的法律规定，拥有调控 NBA 球队数量与区域分布的权利。基于职业体育市场的特殊性，如果根据反垄断法的规定处理职业体育的发展问题，就会引起职业体育市场的无序竞争以及球队数量的无限制扩张，因此，NBA 联盟拥有政府赋予的"反垄断豁免权"，这样就可以控制俱乐部的规模，从而保证比赛的高质量。现阶段，NBA职业联盟的扩军一定程度上受到联盟中各股东的严格控制。按照国外破产法的规定，托管是受委托方为保护债权人的利益代表债权人收集、整理、变卖、分配财产的行为，属于代理行为。在 NBA 职业体育市场中，同样存在着托管现象。

（三）职业体育联盟俱乐部的区域分布及其迁移的限制

在职业体育联盟中，每一个联盟的出资方都在这项运动中共同拥有垄断力量，联盟对联盟俱乐部参赛资格具有绝对的权力。就赛事区域分布而言，职业体育联盟中俱乐部的主场区域制度规定了俱乐部进行竞争的商品范围和地域区域。在北美职业体育联盟中，通常采用主场特许经营的方式限制俱乐部的进入与迁移。一般说来，新的俱乐部球队要想进入俱乐部球队所在城市的主场区域，必须得到联盟内所有球队业主的同意。美国职业

---

① 李燕领，王家宏.英格兰足球超级联赛俱乐部许可证制度研究[J].上海体育学院学报，2012（1）：3.

体育联盟主场区域制度（垄断权）的建立往往被认为是联盟一致同意的结果；而欧洲（英超联盟）俱乐部之间的平均距离远远小于北美职业体育俱乐部之间的平均距离，俱乐部的球迷在主场和客场均可以追随其左右，从而强化了球迷的忠诚度，这也是英超联盟发展之初就摒弃主场区域制度（垄断权）的原因所在。

1. NBA 主场区域制度及其迁移限制

NBA 联盟在对球队数量实施控制的基础上，也非常重视对地域分布的控制，以保障俱乐部球队经济平衡，避免俱乐部间的贫富分化。根据 NBA 的分区规定，NBA 形成了 6 个赛区，共 30 支球队的区域分布格局。目前，NBA 采用 2004——2005 赛季划分的区域，分为东西两个联盟。东部联盟主要包括大西洋赛区、中部赛区和东南赛区的共 15 支球队；西部联盟则包括西南赛区、西北赛区和太平洋赛区的共 15 支球队。目前，NBA 中的 30 支俱乐部球队较为均衡地分布在美国各州，地域分布较为合理。

根据 NBA 联盟章程的规定，俱乐部可以对某个区域的赛事实行垄断经营，NBA 联盟所有球队都拥有排他性的领地权，各球队的领地权受到联盟的保护。联盟中迁移新球队的加入从某种程度上来说是在市场上增加了赛事的供给，减少了原有俱乐部的市场需求。第二次世界大战之前，球队迁移的主要目的是争取更多的门票收入；第二次世界大战之后，球队迁移的首要动力则是开拓新的潜在市场，而不是因为在以前的主场城市缺乏球迷的支持。

当然，俱乐部迁移规则确实存在着对竞争的限制，但是它又对整个职业体育联盟的生存与发展起着重要的保障作用。关键问题是把两者进行比较，确认俱乐部迁移规则的促进竞争性是否超过了其限制竞争性，从而使其免受《谢尔曼法》的制裁。NBA 联盟章程规定，任何俱乐部须经联盟全体俱乐部的一致同意，方可迁移到别的城市。而 NBA 发展历史表明，NBA 领地权也不是绝对的，一支新的俱乐部球队要想进入某支球队的特定领域，只需要给予原有球队一定的补偿金，以弥补原有俱乐部与城市议价谈判时筹码能力降低的损失。例如，布鲁克林篮网队进入 NBA 因为侵犯了纽约尼克斯队所有的领地权，须向尼克斯队支付 400 万美元的赔偿金，而这种行为实际上是篮网队从尼克斯队手中购买了纽约篮球市场的开发权利。

2. 英超联盟俱乐部的迁移限制

英格兰国土面积约为 24 万 km^2，只是美国大陆的 1/30。现阶段，英格兰足球联赛拥有 92 支俱乐部球队，其中，英格兰足球超级联赛顶级球队达到 20 支的规模。而相比较于美国的职业篮球，英格兰足球俱乐部的密度要高出很多，这就意味着英国的足球俱乐部可以比较容易地覆盖整个职业足球市场，即使一两支球队退出市场也没有太大的影响。根据英格兰人口与经济的地理形势，除了人口相对较少、经济不甚发达的东安格里亚地区与西南区，英格兰其他每个地区的中心城市，均有一些历史上非常重要而著名的俱乐部，尤其是首都大伦敦与分布于中北部的六大都市群构成了英格兰足球分布的主要区域。这充分说明，除了地域文化因素之外，经济发达程度和人口因素仍然是影响俱乐部区域分布的重要因素。

虽然英格兰足球联盟并没有实行 NBA 的主场区域制度，但是英格兰足球委员会对于职业足球俱乐部的迁移却持有否决的态度。例如，2000 年 8 月，英格兰足球委员会就没有批准温布尔顿俱乐部的迁移申请；2002 年 5 月，温布尔顿俱乐部的迁移申请得到英格兰足总批准，声明英甲球队温布尔顿队可以迁移，但是表示这是例外情况，并且该决定是终局和不可再上诉的。评论者认为英格兰足球委员会的这一决定将会形成足球的"特许经营体制"，导致英格兰足球超级联赛形成类似美国职业体育联盟的竞争产生，从而引起恶性竞争。英格兰足球联盟针对上述疑问，反复重申该决定只是基于温布尔登俱乐部的"例外情况"做出的，并非是"特许经营体制"的开始，无论如何都不能被认为具有先例作用。当然，欧洲足球俱乐部迁移现象是非常少见的，禁止迁移规则即被认定为一条"内在规则"。

第五章 体育产业政策理论与发展分析

第一节 体育产业政策体系的构建

体育产业的发展属于社会经济范畴的事情，而社会经济与政治之间具有密不可分的关系，政治对经济的发展具有重要的影响作用。当前，体育产业作为国民经济发展的重要增长点，我国非常重视体育产业的发展，在不同时期制定了一系列政策和制度推动体育产业的发展。

一、体育产业政策体系构成

（一）体育产业结构政策

所谓产业结构政策，具体是指政府根据产业结构发展规律和阶段发展趋势，制定的有关产业部门间资源配置方式、产业间及产业部门间比例关系协调手段，以促进产业结构的协调化和高度化发展的各种政策。

政策具有导向性，合理的政策可促进体育产业的发展，不合理的政策则会对体育产业的发展起到制约作用。

政府对体育产业结构的正确认知和分析，有助于我国建立完善的产业结构发展体系，如将体育产业纳入第三产业的范畴。同时，体育产业结构政策的正确引导，能有效实现产业间的资源优化配置，引导市场主体对入市的选择，提高新兴产业部门的市场竞争力，促进产业结构更加合理。

现阶段，我国体育产业政策主要是重点发展"主导产业"，对"主导产业"的优先和高速发展给予支持。当前，我国体育健身娱乐业、体育用品制造业、体育竞赛表演业的关联度大，经济附加值高，市场前景广阔，是体育产业的优先发展部门。

（二）体育产业组织政策

所谓体育产业组织政策，具体是指政府为有效利用资源，优化资源配置，协调企业关系而采取的各种政策。

体育产业组织政策主要针对体育产业内部。科学的体育产业组织政策的制定和实施有助于为体育产业的发展创造一个良好的市场竞争环境，提高体育产业的效益，保持市场活力，促进体育市场经济的可持续发展。

当前，我国体育产业的专业化程度不断增强，竞争机制不断完善，但是，体育产业组织还存在许多不足，如企业组织结构分散，生产集中度低，知识产权意识不强等。对此，我国还需要结合体育产业发展实际，制定合理的体育产业组织政策，来促进体育产业内部企业组织、市场结构的科学发展。

（三）体育产业相关政策

体育产业相关政策包括与经济发展相关的各种政策。如财政政策、金融政策、价格政策、市场管理政策、消费政策以及 WTO 的一系列相关政策等。这些政策从大的方面影响着我国经济的发展，也会间接影响我国体育产业的发展。

二、体育产业政策体系优化

促进我国体育产业的发展，必须充分了解当前我国体育产业发展的形势、环境和未来发展趋势，在此基础上，才能有针对性地制定一系列政策来促进我国体育产业的发展，做到有的放矢。

（一）出台鼓励体育消费政策，刺激体育产业发展

体育产业的发展离不开社会大众的支持，从市场供需角度来看，群众体育消费的增加是体育产业发展的根本动力。

当前，我国社会物质财富日益丰富，人们生活水平不断提高，体育消费需求日益增长。对此，要促进体育产业的发展，就应制定有利于刺激居民体育消费的政策，鼓励社会大众进行体育消费，为体育产业发展拓展市场发展空间。

鼓励群众体育消费，需要从多个方面入手，如积极引导和推动社区体育工作的开展，鼓励社会资金投资和体育健身场地设施的公益性经营；构建全民健身服务体系，利用体育彩票公积金加强体育基础设施建设，使大众树立健康意识和健康消费观念等。

（二）优先发展体育健身娱乐业和体育竞赛表演业

当前我国体育产业组织结构中，体育健身娱乐业与体育竞赛表演是具有良好发展空间的两个产业。

1. 体育健身娱乐业与体育竞赛表演业的优先发展需求

20 世纪 50 年代以后，体育发达国家的体育健身娱乐和体育竞赛表演业迎来了一个快速发展的时期。这与国家的经济发展水平之间有着极为密切的关系。

我国改革开放以来，社会经济快速发展，人们的消费观念也发生了很大的转变，随着人们对健康的重视和对健康生活质量的要求，体育健身娱乐进入大众视野，并在全国范围内蓬勃开展起来，人们对体育健身场地、体育技能指导、健身知识普及等的需求越来越大。体育健身娱乐的消费主体是各年龄段居民，能满足大众的健身、健美、康复、娱乐等多元体育需求，因此，具有良好的市场发展空间。

当前，竞技体育发展是世界体育发展的主题。体育竞赛表演在世界范围内备受关注，具有广泛的群众基础。借助这一重要优势，体育竞赛表演能为城市、地区、国家带来巨大的经济收益，还能促进社会稳定和精神文明建设。

2. 优先发展体育健身与竞赛表演业对体育产业发展的带动作用

体育健身娱乐业和体育竞赛表演业在体育产业组织中，处于中间产业环境，能形成良好的前向关联和后向关联效应，体育健身娱乐业与体育竞赛表演业的发展能有效带动体育产业中其他产业部门的发展，而且这种发展是呈几何级数增长的。

当前，优先发展体育健身娱乐业与体育竞赛表演业，不仅可以刺激消费，还能带动其他产业部门（如体育信息传播业、体育服务业、体育用品制造业、体育培训业等）的发展。

（三）适度发展体育用品制造业、体育培训业和体育建筑业

当前，我国体育用品制造业面临着一系列挑战，具体来说，我国体育用品制造企业的产品科技含量较低，市场竞争力较弱。随着我国加入世界贸易组织，发达国家的体育用品纷纷涌入我国体育市场，更进一步冲击了我国体育用品制造企业的发展，一些经营管理落后的老企业步履维艰，一

些中小型企业生产成本高，对市场把握不准应变力差，面临倒闭。为了保证体育产业整体保持良好的发展进度，就需要对当前的体育用品制造业的发展进行规范，促进产业内企业的改革，提高市场竞争力，进而提高我国体育产业的整体实力。

同样，我国体育培训业的发展鱼龙混杂、良莠不齐。许多不合格的培训企业在体育市场准入标准极低的情况下涌入市场，市场标准不统一，竞争混乱，也影响了许多体育人才的发展，在很大程度上制约了我国体育产业的进一步发展，对此，必须采取一些措施进行改革。

我国和世界体育发达国家相比，体育场馆建筑的技术较落后，而当前人民群众参与体育的需求非常大，促进了大众体育健身和体育竞赛表演业的不断发展，因此，体育场地建筑业有着很大的发展空间，需要对体育场地建筑业的发展进行引导和推动。

（四）扶持体育场地服务业、体育竞技业和体育金融保险业

体育事业的发展离不开体育物质基础，扶持体育场地服务业的发展是促进体育产业发展的必然要求。

当前，我国群众体育参与热情高涨，现有的体育场地与服务并不能充分满足大众的体育参与需求；此外，现有的体育场地与服务的市场经营与管理发展不完善，如一些场地属于行政部门，经营管理方式落后，而用于公共体育的体育场地、场馆在向社会提供公益性服务过程中却要承担各种税费，经营管理负担过重。

体育竞技是体育产业组织结构中其他产业与部门发展的重要润滑剂，体育产业的发展归根结底还是要依靠体育人才来发展。

体育金融保险业在现阶段具有巨大的市场发展潜力，我国大众对体育博彩的参与积极性较大。

综上分析，我国应大力扶持体育场地服务业、体育竞技业、体育金融保险业的发展，重点做好以下工作。

（1）增加投入，减免税费，确保公共体育场馆的社会公益性，能持续向社会开放。

（2）加强行政部门体育场地服务的市场化经营管理改革。

（3）政府相关部门协调配合，完善体育经纪人管理制度。

（4）放开体育彩票发行额度的限制，制定合理规则，调动大众热情，刺激体育博彩业的发展。

（五）鼓励体育信息传播、体育广告和体育商业服务业的竞争

体育信息传播、体育广告和体育商业服务在体育产业组成中属于非主导产业，但是这些产业的发展对于促进体育产业中其他产业和部门的发展具有重要作用。

现阶段，我国的体育信息传播、体育广告和体育商业服务等产业化程度高，规模适当，产品供求平衡，管理规范，整体来看，发展态势良好。针对上述产业，政府需要做的就是维持这些产业的当前的发展水平和发展状况。

结合当前我国体育信息传播、体育广告和体育商业服务的发展现状，政府应注重良好政策环境的创造，如巩固税收政策、技术质量政策、市场规范政策等，为这些产业发展中的资源配置、公平竞争、市场拓展提供政策支持。

（六）制定优惠财经政策，扶持体育产业发展

财经政策对整个国民经济的发展具有很大的影响，也会在很大程度上影响体育产业发展。

当前，国家重点发展体育产业，对体育产业是鼓励和扶持态度，因此，必然需要在政策上予以"优惠""倾斜"，具体来说，就是通过财政、税收、价格、金融、信贷、土地使用与管理等宏观经济政策，调控体育产业的发展方向。

（七）规范市场管理政策，规范体育产业发展

科学的市场管理政策，有助于调整体育经营活动，规范市场主体的市场行为，促进体育产业的健康发展。

体育产业的发展通过市场来实现，而良好的市场环境不可能通过市场主体的自觉性来营造，这时就需要政府的宏观调控，帮助市场主体建立一个有序的体育市场运作环境和体系。

从体育产业产生到全面发展，我国先后出台了一系列重大法规、政策来调控体育市场环境，如颁布《体育法》，发布《国家体委直属企业工资管理暂行办法》、《国家体委直属企业厂长（经理）奖励试行办法》等，同时还出台了规范体育市场的各种管理条例，为体育产业的健康发展提供了政策方面的保障。

现阶段，我国政府的主要任务是，根据体育产业的产业化、市场化发展要求，加快制定完善、灵敏、透明、公平、公开、公正的体育市场运行规则，

以此来确保多元市场主体的有序竞争，促进体育资源的合理配置与流动。

（八）实施反对垄断政策，保护市场公平竞争

在垄断条件下，垄断产品的市场价格往往高于竞争市场的价格，不能最大化满足社会需求，会导致供给过剩、资源浪费。

垄断的存在，会限制市场机制功能的发挥，使市场经济的发展走向畸形。这时，就需要政府进行市场干预，以确保市场竞争的合理，促进企业不断进行技术变革与创新，使市场生产能充分满足客观市场需求而非以垄断企业控制市场需求。

现阶段，我国体育信息传播业、体育竞赛表演业、体育场地服务业等都在一定程度上存在垄断现象。为了构建有序竞争、开放透明的市场环境，政府应遵循市场经济规律制定相关政策，引导行业发展，防止行业垄断。

第二节　体育产业政策对体育产业发展的影响

一、制度因素在体育产业产生时期的积极影响

从总体上看，在体育产业产生时期，最为关键的因素是制度因素。具体来说，主要表现在以下三方面。

（一）形成了对体育产业的初步认识

在人们的传统观念中，体育长期被看作是事业而非产业，人们对于体育产业的认识，也始终停留在对体育事业的改革上。20 世纪 80 年代后，我国相继出台了多个体育产业制度安排，包括 1984 年《关于进一步发展体育运动的通知》和 1986 年《关于体育体制改革的决定（草案）》，这些政策的出台使人们在思想观念中产生了体育产业的概念，认识到体育产业始终是存在的，并对所有的体育实物都具有统领作用，同时也揭示出体育的产业属性。1985 年，国务院颁布了《国民生产总值计算方案》，将体育部纳入第三产业之中，这是开始将体育视为产业的一项重要标志。

（二）促使体育与经济初步结合

体育产业在产生之后，相应的组织安排和政策也接连出现，在这一时期，体育产业发展最为典型的表现，是不同经营形式的体育场馆的相继出

现，这突出表现出了体育具有重要的经济功能。从 1978 年到 1992 年，我
国在体育产业收入快速、持续增长。在这一时期，体育产业的发展处于萌
芽阶段，开展多项体育创收活动的主要目的是对体育经费进行补充，这实
际上也就实现了体育与经济的初步结合。

（三）为体育产业的进一步发展奠定了基础

明确市场主体和经营对象，这是搭建体育产业的两项关键因素。在这
一时期，通过多项体育产业制度的颁布和持续运作，国家开始允许具备一
定条件的体育事业单位可以进行多种不同形式的经营，并且管理方式也可
开始朝向经营型转变。这种形式的转变，反映出了在体育事业中，可以对
其中的部分体育资源进行市场化的经营，这是因为该部分体育资源可以确
定市场主体，并且可以通过一定的运营方式获取到经济利益。从这里我们
就可以明确，体育产业的建立，必须要有明确的市场主体和经营对象。该
时期多项体育相关制度的颁布和实行，为未来体育产业的发展打下了坚实
的基础，是体育资源实现市场化经营的开端，为突破计划经济体制的束缚
做出了重要努力。

二、产业政策在体育产业初步发展时期的积极影响

体育产业进入初步发展时期是在 1992 年，在该时期，体育制度的作用
表现得尤为突出，全面推动了体育产业从产生到初步发展的过渡，并对体
育产业发展的实践问题的解决做出了重要贡献。

（一）对体育产业发展的过渡性推动作用突出

对于体育产业的发展来说，1992 年是一个重要的过渡时期。在这一时
期，我国制定并颁布了多项体育产业政策性措施，包括《关于加快发展第
三产业的决定》、《关于深化体育改革的决定》等。这些政策的制定推动了
体育产业初步发展。例如，"体育产业的第三产业属性确定"，是对体育产
业服务性质的进一步明确；"足球的职业化发展"，表明体育竞赛表演业开
始了初步发展；"体育市场培育和体育产业化"，明确了体育产业发展的核
心任务。

由此可见，该时期各种体育产业制度的颁布，推动了体育产业的初步
发展，实现了体育产业从产生到发展时期的过渡。

（二）对体育产业发展的针对性作用显著

在体育发展的初期，各种体系还不够完善，不仅没有明确发展的内容，并且发展目标也处于模糊的阶段。因此，在这一时期制定的多项体育政策，具有明显的针对性。例如，在这一时期制定并颁布了两项发展"纲要"，其主要内容是对体育市场、体育彩票、体育俱乐部等体育产业直接进行管理和规范。从这里可以看出，体育产业相关制度的颁布，为体育产业未来的发展提供了不同层次和组成上的、有针对性的规范和指导。

需要注意的是，在这一时期，体育相关制度的制定所体现出来的针对性作用，最为直接的作用是拉动了直接性体育制度的出现，而在此之前，国家整体的宏观制度则是体育产业发展支撑的全部来源。由此可见，在体育产业初步发展时期所制定的各项制度，最为突出的作用是拉动了体育产业的发展，成功实现了体育产业发展从萌芽阶段过渡到初步发展阶段。

三、产业政策在体育产业全面发展时期的积极影响

2001 年我国成功申办 2008 年奥运会，推动体育产业的发展进入了新的阶段。在这一过程中，体育产业的发展受到制度加速、地方性支撑和规范等多方面的重要影响作用。

（一）对体育产业整体的加速发展作用显现

在经过初期发展之后，体育产业各部分的发展方向基本明确下来，同时取得了一定的成绩，体育市场已经初步形成。在这种情况下，制度对体育产业发展的重点就放在加快发展速度上。2010 年《关于加快发展体育产业的指导意见》（以下简称《指导意见》）中指出："加快发展体育产业，对拓展体育发展空间，丰富群众体育生活，培养体育人才，提高全民族身体素质、生活质量和竞技体育水平，促进我国由体育大国向体育强国的转变，促进经济社会协调发展，具有重要意义。"《指导意见》颁布的一个重要目的是，对体育产业的前期发展所取得的成果进行巩固，全面提高体育产业的发展速度。

2014 年，我国制定并颁布了《关于加快发展体育产业促进体育消费的若干意见》，指出"到 2025 年，基本建立布局合理、功能完善、门类齐全的体育产业体系，体育产品和服务更加丰富，市场机制不断完善，消费需求愈加旺盛，对其他产业的带动作用明显提升，体育产业总规模超过 5 万亿元，成为推动经济社会持续发展的重要力量。"可以看出，从国家制度方

面来看，我国体育产业的发展已经进入加速阶段，其发展不仅有了明确的目标，同时还拥有了更为广阔的空间。

（二）对体育市场主体的激励与约束作用明确

体育产业在进入全面发展时期之后，体育制度对于体育产业发展的激励和约束作用也就更加凸显出来。2006年和2012年，《体育事业"十一五"规划》和《体育事业"十二五"规划》相继颁布。

两个"五年规划"对体育产业的发展提出了激励机制和约束条件。其中，激励机制表现在，针对体育产业发展都制定了政策上的扶持，鼓励多种经济主体共同参与到体育产业的发展之中；对体育产业的约束表现在，要求体育产业的发展要实现规范性的管理。从这里就可以看出，在体育产业的全面发展阶段，制度所体现的作用更加细化，其对体育产业发展所带来的激励和约束作用也更为明显和突出。

第三节　体育产业政策的实施评价

一、体育产业政策评价内涵

中国体育产业正处于快速发展阶段，无论是中央政府，还是地方政府都会针对性地出台促进体育产业发展的政策。制定产业政策的目的是指导未来一段时间的产业发展，但未来的不可预知性以及人类认知活动的局限性，使得产业政策无法全部实现其预期效果，事与愿违的现象时有发生。所以，产业政策的有效性需要进行专门的评价，特别是对于快速发展阶段的体育产业，未来的不确定性更为显著，对其政策的科学评价将有助于提高政府与企业对体育产业政策的认识，提升政策的有效性。

有关政策评价的含义，有广义与狭义之分。广义的政策评价是指贯穿于政策制定与实施全过程的一项活动，包括政策的事前评价、事中评价和事后评价；狭义的政策评价认为评价的主要目的在于检验政策在目标达成上的效果，确认政策实施是否影响或解决了预期问题。本书采用广义的政策评价定义，即产业政策评价是指在全面掌握产业政策制定、执行和效果相关信息的前提下，应用多种科学方法对某项产业政策全过程所进行的度量、分析和评价；体育产业政策评价则是指在全面掌握体育产业政策制定、执行和效果相关信息的前提下，应用多种科学方法对某项体育产业政策全过程所进行的度量、分析和评价，包括事前评价、事中评价与事后评价三个部分。

体育产业政策评价的三个部分相互关联，但又有区别。在评价对象、评价内容与评价的方法和功能等方面，三者都有较大不同。

（一）体育产业政策事前评价

体育产业政策事前评价是指评价主体依据一定方法在政策实施之前对即将出台的政策方案文本进行的一种预测性评价。体育产业政策事前评价要求政策主体在制定政策时应听取不同的声音，广泛吸收专家学者和政策目标群体各方面的意见。体育产业政策事前评价的对象就是体育产业政策方案文本，其评价内容大致有以下四个方面：①对体育产业政策实施对象及其环境发展趋势进行预测；②对体育产业政策可操作性进行评价；③对体育产业政策实施的范围进行评价；④对体育产业政策效果进行预测和评价。

（二）体育产业政策事中评价

体育产业政策事中评价也称为体育产业政策执行评价，是指在政策实际执行过程中所进行的评价，其主要目的是监测、分析政策在实际执行时所产生的效果和影响，用严格的过程控制和及时的纠偏，确保政策目标的有效实现。在整个体育产业政策评价体系中，事中评价是贯穿于整个政策执行过程的监测与评价，是政策评价体系中的一个重要环节。体育产业政策事中评价的内容可从下述四个方面加以考虑：①体育产业政策质量，包括政策事前评价的质量、政策方案文本的质量、政策实施的物质和制度保障，以及政策执行情况的信息反馈渠道；②体育产业政策执行主体，包括政策执行机构的组织建设、政策执行机构组成人员的责任感、政策执行机构组成人员的专业素质，以及政策传递的通畅性；③体育产业政策对象，包括政策对象对政策的认知情况、已获得的政策支持，以及向政策决策主体反馈的渠道；④体育产业政策环境，包括相关机构对政策的重视情况、当地经济社会发展情况、当地从事相关产业活动的机构数量，以及居民参与相关活动的积极性等。

（三）体育产业政策事后评价

体育产业政策事后评价是指政策执行完成后对政策效果的评价，是对体育产业政策的最终评价，是政策评价体系三个环节中最重要的环节。体育产业政策事后评价也称为体育产业政策效果评价，政策效果是指政策实施对客体及环境所产生的影响或效果，根据效果评价，体育产业政策决策主体可以决定一项产业政策能否延续、调整或终止，以及后续产业政策的走向。体育产业政策事后评价的对象就是政策实施后的结果，在政策评价中，政策效果应该包括以下几方面的内容：①体育产业政策预定目标的完成程度，即评价政策实施结果实现预期目标的程度，包括两个层次：一是是否实现了预期目标，二是在多大程度上实现了预期目标；②体育产业政策的非预期影响，首先是产业政策实施过程对无关的环境、团体、个人产生的附带作用，其次是现行产业政策对未来体育产业发展产生的潜在影响，再次是产业政策的象征性意义，如激发起某种精神等；③体育产业政策的成本—收益分析，体育产业政策所取得的收益与投入成本之间的比率，就是对政策结果和政策投入之间关系所做的评价。

二、体育产业政策评价的类型

（一）按评价的主体划分

按评价的主体划分，体育产业政策评价可分为内部评价与外部评价。

体育产业政策内部评价是由政策机构内部的评价者所完成的评价，又可分为由操作人员自己实施的评价和由专职评价人员实施的评价。就政策制定者或执行者自己实施的评价而言，优点在于：评价主体对政策的全过程具有全面的了解，掌握一手材料，有利于评价活动的展开，而且评价者也可根据评价结论，对体育产业政策的目标与实现方案迅速地做出调整，使评价活动真正地发挥作用；缺点在于：政策制定者和执行者很难对自己的行为做出客观公正的评价。由政策机构中专职评价人员进行的评价，其优点在于：有充裕的时间和较充足的经费，可以克服没有评价理论、缺乏专业知识和技术方法训练等问题；其缺点在于：与政策机构的关联关系，会使评价很难保证客观性。

体育产业政策外部评价是指由政策机构外的评价者所完成的评价，又可以分为受委托进行的评价和不受委托进行的评价两种类型。受委托进行的评价是指政策机构委托营利性或非营利性的研究机构、学术团体、专业性的咨询公司、高等院校的专家学者等进行政策评价，其优点在于：评价主体是具有政策评价经验的专业评价人员，且置身于政策机构之外，具有较强的独立性，能比较公正地进行评价；其缺点在于：委托评价中，评价主体一般要向委托方收取评价费用，有可能为迎合委托人的意愿而得出倾向于委托人利益的评价结论。不受委托的评价是指外部评价者出于自身的工作职责、社会责任感、研究目的、兴趣点或相关利益而自行组织开展的政策评价活动，这些评价者包括立法机关、大众传媒、投资者（如企业）、研究机构、社会团体（第三部门）等。其优点在于：有很强的独立性；其缺点在于：评价主体的主观性较强，对政策有效性的认识比较片面。

整体上讲，体育产业政策外部评价能够表达和代表产业中各层次人员对于产业政策的基本看法，结论也比较客观公正。但是，外部评价者在获取信息方面比较困难。

（二）按组织活动形式划分

按组织活动形式划分，体育产业政策评价可以分为正式评价与非正式评价。

所谓体育产业政策正式评价指的是，提前就将完整的评价方案制定好，然后在执行的过程中，严格按照规定的程序和内容进行，最后再由已经被选定的评价者进行最终的评价。不可避免地，正式评价既有自身的优势，同时也存在一定的缺陷。其中，优势表现在，实现了评价过程的标准化，并且制定的评价方案更为科学，因此最终得出的评价结论更为客观和全面。正式评价的缺陷表现在，对评价正式展开的要求较高，需要充足的评价经费的支持，并且还需要对相关的信息进行全面的掌握，并且对评价者自身的要求也很高。

体育产业政策非正式评价指的是，对评价相关的形式、内容，甚至是评价者都没有严格的规定，并且对最终的评价结论也没有严格的要求，人们通过自身所了解或是掌握的情况就可以对产业政策进行相关的评价。非正式评价的优点在于：方式灵活、简便易行，评价形式多种多样，适合日常工作中运用；缺点在于：评价者掌握的信息有限，程序和方法的科学性欠缺，结论具有主观性和片面性。

三、体育产业政策评价意义

提高产业政策质量，是实行产业政策评价的根本目的。如果缺少政策评价环节，政策过程将不完整，也无法为后续产业政策的制定提供帮助。

体育产业政策评价的意义需要从一般意义和特殊意义两个层面加以理解。

（一）体育产业政策评价的一般意义

体育产业政策评价具有重要的意义，具体来说主要表现在以下几方面。

（1）产业政策评价是检查政策有效性的基本途径。通过产业政策评价，产业政策的制定者可以对产业政策最终的实施效果进行验证，明确产业政策的有效性，确定其是否对体育产业的发展产生了积极影响，然后针对其中的不足之处进行针对性的完善，全面提高体育产业政策发展水平。

（2）产业政策评价对产业政策最终的执行走向具有决定性的作用。应当明确的是，体育产业政策的运行是一个动态过程，因此政策的决策者需要根据体育产业发展的实际情况，来对产业政策做出取舍，或予以修正，产业政策评价不断反馈现实环境及政策实践的新动态，不断调整政策执行的走向，引导体育产业政策始终朝着正确性和科学性的方向前行。

（3）产业政策评价对提高政策水平具有重要的作用。具体来说，主要表现在两个方面：一方面，随着人们对于体育产业发展质量要求的不断提高，产业政策的质量也必须要紧跟，对于政策的决策者来说，也必须要努力提高自身的政策水平，政策评价活动的进行无疑为政策的制定者、决策者提供了认识整个经济、社会和政治环境及其变化的机会，并在后续政策制定中更好地兼顾多方利益，提高政策制定的水平；另一方面，对政策执行者而言，评价活动的进行提供了一个检验其政策认识水平的机会，以发现政策的执行是否偏离政策目标。

（4）产业政策评价是实现科学化、民主化运行政策的必要手段。产业政策评价的实施需要依据庞大的产业发展信息数量，信息的收集既是获取一手数据的过程，也是产业链上各级从业人员熟悉产业政策、理解产业政策的过程。通过政策评价的实施，人们可以对政策所带来的价值进行科学的评判，并且还可以对政策进行全方位的分析和考察，发现其中的问题，并找到相应的解决方法，以此对产业政策不断进行完善，为未来体育产业政策的制定和实行打下良好的基础，提高体育产业政策决策的科学化和民主化。

（二）体育产业政策评价的特殊意义

就体育产业政策评价的特殊意义而言，有以下两个方面。

（1）我国体育产业整体处于发展期，产业的规模、结构和层次等还没完全成熟，相对应地，以促进体育产业发展为目标的政策，其效果自然存在较大不确定性。针对政策实践全过程的评价将有助于政策目标的实现，有利于促进相关部门体育产业政策的制定、执行水平的提高。

（2）当前世界经济、科技变化很快，体育产业面临着全球化、互联网化、资本化与融合化等趋势，体育产业政策执行全过程需不断调整以符合环境的变化要求。体育产业政策评价，特别是针对政策全过程的评价，将能提高体育产业政策执行水平，实现体育产业政策目标。

第六章 体育市场营销理论与策略分析

第一节 体育市场营销理论分析

体育产业是世界经济的一个重要组成部分，在世界各国都受到了高度重视，我国也不例外。自 2000 年起，国家体育总局逐步将具备一定市场开发条件的体育竞赛项目的举办经营权实行社会招投标制。特别是 2008 年我国成功举办第 29 届（北京）奥林匹克运动会以来，掀起了我国体育文化发展的热潮，促进了体育社会化、产业化的进程，强化了民众的体育商品意识，树立了体育商品观念。而作为实现体育商品价值的重要手段之一的体育市场营销活动，正日益受到业内人士的普遍的关注。

在经济全球化的今天，现代体育市场的发展已经成为一个全世界关注的领域，体育企业也因此获得了前所未有的发展契机，而体育企业的发展与其体育市场营销工作的好坏有着密切的关系。

一、体育市场营销的内涵

（一）市场营销的含义

在对体育市场营销的含义进行了解之前，有必要先对市场营销的概念进行了解。关于市场营销的概念，国内外许多学者及组织都从不同的视角对市场营销做了不同的阐释。

美国市场营销协会认为市场营销既是一种组织职能，也是为了组织自身及利益相关者的利益而创造、传播、传递客户价值，管理客户关系的一系列过程。

菲利浦·科特勒是对营销学科影响最大的学者之一，他从两个角度表述了营销的含义，具体如下。

第一，从社会角度看，市场营销就是以满足人类各种需要和欲求为目的，通过市场变潜在交换为现实交换的活动；也是个人和集体通过创造、提供出售、并同别人自由交换产品和价值，以获取其所需所欲之物的社会过程。

第二，从管理学的角度看，营销就是在一桩潜在交易中至少有一方考虑如何从另一方获得所渴求的反应时而形成的那些目的和手段的过程；它需要选择目标市场，通过创造、传递和传播优质的顾客价值，来获得、保持和发展顾客。

（二）体育市场营销的含义

关于体育市场营销的含义，当前并没有形成一致的观点，这里讨论几种影响较大的观点。

美国学者马修•D.尚克指出："体育营销是把体育营销原理和过程专门运用到体育产品和那些借助于体育来营销的非体育产品上。"

美国体育市场营销学者布伦达•G.皮兹则认为："体育营销是指为一种体育或体育公司产品生产、定价、促销、渠道等设计和实施的活动过程，其目的在于满足消费者的需求或欲望，并达成公司目标。"

国内学者陈林祥在其《体育市场营销》一书中指出："体育市场营销是指为了满足消费者的需求，实现体育组织的目标，对产品、价格、分销和促销所进行的一系列活动的计划、实施和控制。"

对国内外学者关于体育市场营销的表述进行概括，可以得出较为全面的体育市场营销概念，即体育组织或与体育有密切依附关系的组织、机构为满足消费者的需求，实现自身及利益相关者的目标，而将体育营销原理应用到任何涉及体育产业的商业活动过程。这一概念的核心是通过满足消费者的需求来达成体育组织或利益相关者的目标。

二、体育市场营销的特点

随着我国社会主义市场经济的确立，体育市场体系日渐成熟，体育市场营销也越来越受到重视。体育市场营销是市场营销的一部分，因而具有普通市场营销的一般特点。然而，体育市场作为特色市场，它的营销活动还应充分考虑其特殊性。由于体育产品具有有形和无形的两种形态，又具有实物和服务两种属性，因此体育市场营销的自身特点十分突出。具体来说，体育市场营销的特点主要有以下几个。

（一）依赖性

体育是一种文化现象，是社会存在和发展的反映。在不同的社会文化背景下，人们对体育的认识程度不同，对体育的消费需求差异也较大。受其影响，体育市场的营销活动的差别也非常大。即使在一个国家，体育的发展程度也是千差万别的。

我国是个多民族的人口大国，各地区、各民族的文化差异会直接导致体育市场的变化。因此，没有一个适合的社会环境，体育市场营销活动就很难找到自己的立足点。

体育的消费需求属于高层次的需求，经济发展程度是大众体育消费的基础。与一般生活消费不同，体育消费只有在恩格尔系数低于40%时才能活跃起来。或者说，体育消费的发展要依赖于经济的发展，达到小康生活水平的人们才会更关注体育消费。因此，在经济发达地区体育市场营销活动比较容易开展，而在经济环境差或经济发展欠发达地区，体育市场营销活动开展比较难，并主要以某些体育实物营销为主。

（二）无形性

体育市场营销的产品包括两类，即体育有形产品和无形产品。与体育有形产品不同，体育服务在购买之前是看不见、摸不着、听不见、闻不到的。体育消费者购买一场精彩体育比赛的门票时，他们并非购买一个座位，而是购买观赏比赛的权利；当比赛结束时，消费者可能两手空空，但他们却拥有一段美好的与他人一同分享的记忆。所以，NBA、世界杯以及奥运会的体育营销人员千方百计努力创造让消费者难以忘怀的体验过程。

为了减少由于体育服务的无形性所造成的不确定性，消费者会搜求能够提供有关体育服务的信息和能对服务信赖的各种有形证据。所以，无形服务的战略是要使它们"有形化"。例如，一支成绩下滑的中超职业足球队可能希望把焦点放在看球新设施的舒适性或其他附加利益上，而不是促销体育比赛本身。体育经营场所的风景维度、舒适性和美学因素应当受到高度关注，因为各种有形的因素是展示无形服务的质量信号。

（三）多元性

社会经济的发展，会对体育市场的发展产生重要的影响。根据所有制形式，体育市场由单一的国有经济市场主体不断扩展，增加了集体经济市场主体、混合经济市场主体、股份经济市场主体、私人经济市场主体、中外合资及外商独资经济市场主体等，大大提高了市场营销的竞争力。

以体育市场发展为契机，品种繁多的营销产品纷纷涌进体育市场，如经纪业、保险业、旅游业、饮食业等，并逐渐形成了具有自身行业特点的新的体育市场。体育市场营销的多元化增长促使体育产品的数量、种类等大幅增加，跨行业地生产经营体育产品和服务，扩大了体育市场的范围，提高了市场内涵。

近年来，健身与娱乐的结合已经成为总的趋势，针对不同目标市场的体育营销活动进一步分化，以健身为主的娱乐活动和以娱乐为主的健身活动朝多样化发展。由于体育市场的前景为商家看好，激烈的竞争为体育市场的发育和发展创造了难得的机遇和条件。

（四）变动性

为产品制定质量标准能规范产品生产过程的监控，保证产品生产完成后的质量验收，主要目的是为消费者提供满意的产品。通常的产品质量有一定的检测指标，以指标的检测结果衡量产品的等级或确定是否达到规定标准。制定服务产品的质量标准很难，制定体育的主体产品的质量更难。体育的主体产品是满足人们观赏和身体运动的需要，对不同人群来说，无法确定统一的质量标准，即不能用一种标准评价它的好坏。由于这些服务产品的生产过程可变因素多，消费者的个体差异大，消费欲望的满足程度不可能用一种标准衡量，所以体育市场营销的主体产品缺乏客观评价标准。将消费者的满足程度作为质量评价标准，难以使经营者和消费者在法律的层面上解决纠纷。

此外，体育产品中的体育服务并非一成不变的，其质量与提供服务的人员、时间、环境乃至季节气候密切相关。另外，体育服务的生产与消费是同时进行的，这使质量控制变得很难操作。

引起体育服务变动的因素很多，如需求的波动使体育服务高峰时间里的产品质量难以保持一致；不同体育服务者的服务技巧，也会导致消费者主观感受出现差异；运动员在主客场不同环境气氛条件下，其专业水准表现也会大相径庭。正是由于许多体育服务企业缺乏相应的行业标准，消费者购买体育服务往往有一定的风险性。消费者从体育服务企业购买服务产品中所获得的满意度，常常低于体育有形产品的满意度。这就大大增加了体育服务企业营销人员对服务产品营销的难度，因而体育服务企业更应采取相应的策略，如保证体育服务企业必须要有对应的组织和资源，实行标准化服务，降低体育服务表现不稳定的风险，并对体育服务人员的执业资格进行认证，这才有利于增加营销机会。

（五）广泛性

随着人们生活水平的提高，健康意识和生活质量意识得到加强，从事体育消费活动的人群不断增大，体育产品和服务的消费需求不断增长，体育市场营销的范围和规模不断扩大。

我国加入 WTO 后，体育市场的国际化趋势越来越突出，体育的国际市场营销活动日趋频繁，经营活动在向国外拓展，以寻求和占领国际市场。体育实物产品的直接作用在于保证体育活动的开展，为体育服务提供基本条件。体育健身娱乐市场的销售量增加，必然导致体育用品市场销售量的增加。由于体育消费方式的差异，参与体育健身活动的人未必通过交费方式达到健身目的，但是他们也仍有对体育用品的需求。受体育市场多元化影响，体育市场的营销活动渗透到更多领域，遍及任何地方。由于体育的大多数产品具有替代性较强的特点，在很多情况下，人们都会找到替代产品或活动方式满足个人体育消费需求。因此，体育的广泛性和持久性为体育市场的发展提供了更广阔的空间。

（六）不可分割性

体育市场营销的不可分割性主要是针对体育服务而言的，即体育服务与销售不可分离，生产过程与交换过程、消费过程同时发生。

在一场体育比赛中，运动员、娱乐者和球迷之间没有分离情况，比赛在生产的同时也在消费。这意味着体育服务提供者和消费者在交易发生时必须同时在场，两者的直接接触构成了产品的一部分。同时，体育消费者和服务提供者都必须了解整个服务运作系统，因为他们需要共同参与体育服务的生产。此外，体育消费者参与生产过程意味着体育服务组织也必须选择、雇用和培训顾客。这意味着可以为消费者带来诸如降低价格、增加价值、节省等候时间等一系列好处。因此，体育服务企业的管理人员既要善于管理雇员又要善于管理顾客。

（七）易消失性

体育市场营销的易消失性特点也是针对体育服务而言的。体育服务是不能被储存起来的。一个有 20 000 个座位的体育场，如果在某一场比赛时只销售出 15 000 张门票，那么没有销售出去的 5 000 张门票是不可能储存起来留待下一场比赛销售的。在成本固定的情况下，没有销售掉的 5 000 张门票所造成的损失无法弥补。这种对服务提供者有用却没有需求或需求不足的"无效期"，被称作"无价值的产品容量"。

为了对"无价值产品容量"这一问题进行有效解决，体育营销者可以尝试通过控制其他营销组合变量来刺激需求。比如，对预定体育场馆的消费者进行收费，降低价格或其他促销方式来刺激消费者的兴趣。

第二节 体育市场营销的策略分析

体育产业的生存与发展，是在一个动态的市场环境中进行的。在体育市场营销过程中，体育企业不但要善于创造顾客价值，满足他们的需求，还必须善于适应不断变化的市场，制定战略计划，实施战略管理，选择有效的市场营销策略，以实现企业目标。

一、体育市场营销的战略

所谓体育市场营销战略，就是体育企业在现代市场营销观念的指导下，为实现其经营目标，对于企业在一定时期内市场营销发展的总体设计与规划。通过规划总体战略，决定营销组合、分析营销环境、选择营销策略，为具体的体育市场营销活动建立一个基本框架。

体育市场营销的战略，具体包括三方面的内容，即进行体育市场营销组合、分析体育市场营销环境和选择体育市场营销策略。在这一部分，将着重对前两项内容进行详细阐述。

（一）进行体育市场营销组合

1. 市场营销组合

所谓市场营销组合，就是企业在选定的目标市场上，综合考虑环境、能力、竞争状况对企业自身可以控制的因素，加以最佳组合和运用，以完成企业的目的与任务。它表现为特定时期向特定市场销售特定的商品，这个特定指某一具体的范畴。

市场营销组合的实质，是综合发挥企业的相对优势，从多方面做到适销对路，以满足消费者的整体需求，从而提高企业效益和社会效益。另外，市场营销组合的出现，有着十分重要的理论意义，具体表现在以下几方面。

第一，市场营销组合的出现意味着市场经营观念完成了新旧观念的转变，即发展到了新观念——市场营销观念。市场营销观念的核心是以目标顾客的需要为中心，实行市场营销组合，着眼于总体市场，从而取得利润，实现企业营销目标。在这里，市场营销组合作为营销手段至关重要。

第二，市场营销组合体现了现代市场营销学一个重要特点，那就是具有鲜明的管理导向，即着重从市场营销管理决策的角度，着眼于买方行为，重点研究企业市场营销管理工作中的各项战略和策略，从而使决策研究法在诸多研究方法中显示出其概括性强，适应面广的优点，并成为研究市场营销问题普遍采用的重要方法。

第三，市场营销组合的理论基础是系统理论，它以系统理论为指导，向企业决策者提供了为达到企业营销整体效果而科学地分析和应用各种营销手段的思路和方法。

2. 体育市场营销组合

体育市场营销组合是系统观念在市场营销活动中的具体体现和运用。它涉及企业对市场营销活动的手段和方法的基本认识，在激烈竞争的市场条件下，体育企业要满足顾客需要，完成经营目标，赢得市场竞争的胜利，不能依靠某种单一的营销手段和策略，必须从目标市场的需要和市场环境的特点出发，根据企业资源条件和优势，综合运用各种营销手段，形成统一的、配套的营销策略，通过企业上下各部门的协调努力、密切配合才能实现。

体育市场营销组合可借鉴布姆斯（Booms）和彼特纳（Bitner）的服务营销组合要素构成，即所谓"7P"理论。按照"7P"理论，在制定体育产品的市场营销组合时，决策者应注意以下几个问题。

第一，产品。产品体育的产品是由运动表现所带来的市场效益和交换关系。体育市场中的这种市场效益和交换关系的特点是"兵无常势，水无常形"。因此，体育企业要不断根据自身状况、市场变化和消费者需求，优化产品要素组合。

第二，定价。体育服务产品的定价较困难和复杂，因为它不以成本为基础来确定价格，更多考虑的是消费者对此项服务的认识，即根据消费者的认可程度和承受力来决定。因此，体育服务经营者（卖方）必须影响买方对该体育产品的认识，使之形成对卖方有利的价值观念，同时要充分考虑到消费者的经济承受能力。

第三，渠道。体育服务产品的生产和销售过程往往是同时进行的，具有不可分离性和不可贮存性。因此，体育服务产品的分销渠道环节相对较少。不过，随着社会分工和流通领域的不断发展，体育服务产品的分销渠道中，间接销售的比例将逐渐增大。因此，体育服务的经营者应尽快掌握在市场上如何与中间商打交道、如何建立产品分销渠道更为合理。

第四，促销。体育服务产品通常是体育产品中最难以评价的产品，主要是因为它具有无形性和不易感知性等特征，消费者从评价选择—认购的购买心理过程，受外界影响较大，所以对体育服务产品展开促销活动，效果较好。

第五，人。体育服务中的人涉及三类，即经营者、生产者（运动员、教练员、辅助人员）和顾客（现场观众、通过媒体的观众和赞助商），他们构成体育营销的一部分。经营者的一切活动和行为最终都落实到提高顾客的满意和忠诚，因此体育服务人员必须通过其良好的服务态度、专业的服务技能以及优异的服务质量服务于消费者，以获得消费者良好的认知和评价，继而影响消费者的购买行为。

第六，有形展示。体育服务产品通常不能以有形的实物形象静态地展示出来，但消费者可以从一些相对固定的体育服务信息环境中去初步认识服务的水平、档次、规模。这些可传达体育服务特色及优点的有形组成部分，便是有形展示。对于体育服务来说，其有形展示部分主要包含场馆的设计、企业的形象标志、附加产品等要素。

第七，过程。体育服务产品的生产和销售过程是统一的，具有不可分离性和不可贮存性，在产品生产和销售之间不存在质量检验，因此生产者的生产过程必须确保质量，做到万无一失。这对体育服务人员提出了较高要求，他们必须兢兢业业对待比赛，指导、咨询，一次性生产出合格产品，让消费者满意。因此，体育服务产品市场应对体育产品生产与消费的过程予以高度重视。

（二）分析体育市场营销环境

体育市场的营销环境是由一些影响着企业能否成功开展并维持与目标顾客进行交易的各种内外部的因素与势力所构成，具体包括宏观环境和微观环境两部分。

1. 体育市场营销的宏观环境

面对全球经济的一体化和体育竞争的日趋激烈，体育经营管理者所面临的环境也在不断地发生变化，并需要随着环境的变化而不断调整自身的营销战略。宏观环境是管理组织无法控制的环境，任何一个体育组织对于宏观环境的变化都无法改变。具体来说，体育市场营销的宏观环境主要包括以下几方面的内容。

（1）政治环境。

在我国，政治在体育运动中一直扮演着重要的角色，竞技体育在一定程度上就是政治的集中体现。在我国体育宏观管理的权限主要集中于政府部门，中央和地方政府都设有相应的部门来管理体育。这种管理体制有利于发挥整个国家的人力、物力和财力来快速提高竞技运动水平，其竞技训练、竞赛和人才培养体系较为完善，有利于竞技运动成绩的取得。体育市场营销的政治环境，主要包括政治局势、国家的方针、政策和国际关系等。政治环境越是稳定、公开和透明，体育组织的战略计划越明确，越具有长期性和稳定性。如果政治环境不确定性较大，体育组织的计划、组织、控制等职能也就表现出更大的不确定性，不利于体育组织的长期发展。

（2）法律环境。

市场经济是法制经济，法制建设是市场体系建设的重要组成部分，没有法制保障，市场经济体制就不可能确立和完善。体育市场运行主体需要法制的保障，交换和经营往来需要法律保障的契约来实现，体育消费者的利益需要法制的保护。一个国家的法制建设，与其所具有的法律环境具有密切的关系。随着中国法治化进程的不断推进，依法治体已成为体育管理的重要手段，因而法律环境对体育管理影响越来越大。

（3）社会文化环境。

社会文化环境由一些影响社会的基本价值观、信仰、语言、行为和社会成员的生活方式等要素所构成。人类的消费方式，需求或欲望以及满足需求或实现消费的途径都属于社会文化范畴。社会文化环境对体育营销有着重大的影响，只有深入地考察一定的社会文化环境，我们才能理解为什么收入完全相同的人其体育消费动机和消费行为往往不同，为什么国民收入水平相似的国家或地区对奥运会、全民健身的理解存在较大的差异。尽管导致这些结果的原因是多种多样的，但关键一点不容忽视，即社会文化环境可以直接改变人们的消费动机和消费行为。在体育促销宣传时，必须使用意义明确的符号。在体育产品设计时，产品的风格和用途及相关的其他市场活动必须与现有的社会文化相适应，产品才能被接受，也才会有意义。事实上，文化渗透到体育营销的各项活动之中，包括定价、促销、分销渠道、产品、包装及产品风格。

（4）经济环境。

经济环境是体育经营者必须要考虑的一个不可控因素，它直接决定了消费者的购买能力。影响体育市场营销的经济因素，具体有国民生产总值、国内生产总值、就业率、出口、投资、收入水平和消费水平等。近年来，消费者在收入增长的情况下，消费的支出模式发生了较大的变化，消费支出中一般生活用品所占的比重逐渐下降，而服务性消费所占的比例不断提高。

（5）人口环境。

人口是构成市场最基本的因素，人口环境直接决定了市场潜在规模的大小。一个国家或地区的人口越多，意味着其体育市场的需求量就会越大。人口的各项特征，如人口规模、人口分布、人口增长率、家庭状况等对体育市场营销都会产生多方面的影响。人口规模决定了潜在的购买者规模，我国是世界上人口最多的国家，决定了我国的体育市场发展的潜力是最大的，但这种潜在的市场要转化为现实的市场还需要具有一定的经济购买力和购买欲望。人口分布对体育经营也会产生较大的影响，如体育场馆地址的选择、体育电脑彩票销售点的布局等都与人口分布有一定的关系；人口结构往往决定了体育产品结构和产品需求类别。比如，随着我国人口老龄化趋势的出现，体育健身、保健类产品和体育服务类产品的需求正持不断上升趋势。

（6）技术环境。

新的技术每天都在影响着体育营销领域，而且其对体育市场营销的影响是多方面的。新的技术被广泛运用到体育广告、体育场标志和体育产品的分销，其中现代网络技术是影响体育营销最深远、增长最快的新技术之一。此外，先进的技术也在不断地改变球迷们的消费方式。技术便利使球迷的消费变得互动性越来越强，提高了消费者的参与性。体育电脑游戏就是一个例子，体育游戏因它们与真正的比赛非常逼真，而被称为"模拟"。实际上，有时球迷们对这些游戏和模拟的关注超过了对真正比赛的关注，如今每四个电脑游戏中就有一个与体育的主题有关。

（7）自然环境。

自然环境由一些为体育市场营销所必需的或受到营销活动影响的自然资源所构成。人们观看和从事不同种类的体育活动，在很大程度上往往取决于这个地区的自然环境特征。例如，冰雪运动在我国北方十分流行，而游泳、冲浪和沙滩排球则非常受沿海地区居民的喜欢等。为了观众和参与者，体育经营者试图控制自然环境。比如，为减少高温和恶劣雨雪天气对体育比赛的影响，体育经营者修建了可移动穹顶的体育场馆，以消除这些自然因素对比赛选手和观众的困扰。

2．体育市场营销的微观环境

体育市场营销微观环境主要指的是那些与企业密切相关并能影响企业顾客服务能力的因素和势力，具体包括以下几方面的内容。

（1）企业内部环境。

企业内部环境由企业内部的各种组织机构组成。在一家体育经营单位中，营销部门并不是孤立的，实施营销计划所需要的资金由财务部筹措和使用；会计核算部通过测算收益和成本来帮助营销人员了解是否达到营销目标；产品开发部负责产品创新，以便满足不断变化的市场需要；企业高层管理者制定企业的使命、目标、战略和政策。所有这些部门和人员都与营销部门的计划和活动密切相关，并对企业经营的成败产生影响。

（2）销售市场环境。

体育销售市场环境，从狭义的角度来看，指的是体育商品交易的硬件环境及其价格和各种管理水平。近几年，我国体育市场的硬件环境已有较大改善，无论是体育用品的交易场所，还是体育场馆、健身会所等都呈现快速发展的态势。体育商品的价格，因交易内容的质量、水平、时间、硬件环境而有差异，但总体上能反映消费者的一般购买水平。体育市场服务质量逐步提高，"以人为本"、"顾客就是上帝"的服务思想成为大多数企业的经营理念。一些反映现代科技水准的产品和技术，也为体育市场服务赋予了高科技含量。

（3）营销中介环境。

营销中介是指那些帮助企业向最终消费者推广、销售和分销产品的机构，包括中间商（包括代理商和经销商）、营销服务代理机构（包括公关代理机构、广告代理机构、营销咨询机构、营销调研机构以及直营企业）等、金融中介机构（包括银行、信托公司、保险公司等）。目前，体育营销人员已意识到这些中介机构在体育有形产品和无形产品的营销中的重要性，而不仅仅将它们视为产品的销售渠道。

（4）消费者购买环境。

在体育市场营销中，企业需要对自己产品的购买者及由这些购买者构成的销售市场环境熟悉和了解。在当前，体育用品种类和数量越来越多；体育无形产品的消费需求显著增长且市场潜力广阔；一些具有极高观赏价值、惊险刺激的竞技比赛项目，经过演变成为具有参与性、娱乐性的产品市场被广泛看好，如射箭、滑翔伞、蹦极、潜水、漂流、沙滩排球等，参与者十分踊跃。因此，越是接近社会，接近生活，符合消费者需要的体育赛事和产品越有魅力，越有市场。

（5）市场竞争环境。

在体育市场中，竞争是不可避免的。每一个体育市场都存在来自国内外为数众多的竞争者，某一企业独占体育市场的现象已不复存在。因此，企业不仅要对竞争对手进行识别和跟踪，做到知己知彼，而且要采用适当的市场谋略，使竞争对手的干扰和影响降到最低，从而巩固和扩大本企业的市场份额。

二、体育市场营销的策略

体育市场营销策略的制定，是为了帮助体育企业选择和组织公司的业务，使企业能够健康地发展，哪怕营销业务中出现预想不到的麻烦也能未雨绸缪。就当前来说，体育市场营销的策略主要有以下几个。

（一）市场定位策略

所谓市场定位，就是体育企业根据市场竞争状况和自身资源条件，设计出自己的产品和形象，从而在目标消费者心中确定与众不同的有价值的地位。不同体育企业经营的产品不同、面对的顾客不同、所处的竞争环境不同，因而可选择的市场定位策略也不同。具体而言，体育企业的市场定位策略主要有以下几个。

1. 产品特色定位策略

构成体育产品内在特色的因素很多，如材料、性能、外观、质量、价格等。这些因素都可以作为市场定位可选择的策略。

2. 顾客利益定位策略

产品提供给顾客的利益是顾客最能切实体验到的，因而其也可以作为定位的依据。比如，中国大学生篮球协会 1998 年创办了中国大学生篮球联赛（CUBA），主办者将大学生自己的联赛和培养高素质篮球人才作为自己的市场定位，在远不及篮球甲 A，甚至甲 B 的竞技水平情况下，由于充分满足了大学生的需要，出现了持续多年的火爆场面。

3. 用途定位策略

不同的体育产品具有不同的特定用途，而不同的用途决定了体育产品的市场定位。另外，为老产品找到一种新用途，也是为该产品创造新的市场定位的好方法。

（二）市场竞争策略

迈克尔·波特（Michael E.Porter）认为，一个企业通常要面对来自五个方面的竞争压力，即同行业中竞争对手的压力、潜在新加入的竞争者、替代产品、购买者和供应商。同时，在不同的时间、地点和条件下，企业所面临的竞争压力是不同的，分析竞争压力的目的是要了解每一种竞争力量的态势，从而制定有效的竞争战略。通常情况下，体育企业的竞争策略主要有以下几个。

1．低成本策略

在保证产品和服务质量的前提下，努力降低产品和销售成本，从而使本企业的产品价格低于竞争者的价格，以迅速扩大销售量，提高市场占有率。这便是低成本策略。实现规模经济、做好供应商营销、塑造企业成本文化、生产技术创新和打好"价格战"等是低成本策略的实现途径。

2．目标集中策略

企业集中力量于某几个细分市场，为顾客提供最有效的服务，更好地满足一定顾客的特殊需求，从而争取局部的竞争优势。这便是目标集中策略。这一策略的有效实施，与能否选好目标领域有着密切的关系。

3．产品差异化策略

创建本企业产品的独特性，大力发展别具一格的产品和营用项目，以争取在产品或服务等方面比竞争对手有独到之处，从而取得差异优势和独特的市场地位。这便是产品差异化策略。有形差异化和无形差异化是这一策略实现的主要途径。

（三）差异化营销策略

随着世界经济的发展和营销环境的变化，差异化营销策略已越来越受到企业的关注，并已经成为现代市场营销战略的一个重要组成部分。它对于企业寻求新市场、开发新产品、抵御竞争压力和进行营销策划具有重要的作用。对于体育企业来说，要运用差异化营销策略，以下几个方面要特别予以注意。

1．要对市场进行有效细分

体育企业要实施差异化营销策略，必须要把科学、缜密的市场调查、细分、定位作为基础，准确把握顾客的需求。在此基础上，分析满足顾客差异需要的条件，要根据现实和未来的内外状况，明确自己能否对顾客的需要进行满足。

由于顾客的需求差异很大，任何一个企业都无法为一个广阔市场上的所有顾客服务，因此企业不能盲目竞争，而应以自己的优势与别人的劣势竞争，也就是说要确定基于本企业优势的最有吸引力的细分市场作为进攻和占领的目标市场。细分市场是实施差异化的最根本的前提。

2．要对主要竞争对手进行深入分析

知己知彼，方能百战不殆。面对日趋激烈的市场竞争，为了能保持自身的竞争优势，最好的办法就是尽最大可能地利用自己优于竞争对手的能力和资源，同时对竞争对手进行分析，明确竞争对手的长处和短处，竞争对手可能会采取的战略以及竞争对手的能力，以保证本企业的差异化战略能够得到顺利实施。

3．要不断对企业的体育产品进行创新

随着社会经济和科技的发展，顾客的需要也会随之发生变化，昨天的差异化会变成今天的一般化。也就是说，任何差异都不会永久保持。因此，要想使本企业的差异化营销策略持续有效，出路只有不断创新，用创新去适应顾客需求的变化，用创新去战胜对手的"跟进"。

4．要注重完善形象差异化

形象差异化即企业实施通常所说的品牌战略和企业识别战略（CI 战略）而产生的差异。所谓 CI（Corporate Identity）战略，就是企业有意识有计划地将自己企业的各种特征向社会公关主动地展示与传播，使公众在市场环境中对某一特定的企业有一个标准化、差别化的印象和认识，以便更好地识别并留下良好的印象。企业通过强烈的品牌意识，成功的 CI 战略，借助媒体的宣传，使企业在消费者心目中树立起优异的形象，从而对该企业的产品产生偏好，一旦需要就会毫不犹豫地选择这一企业的产品。

5．要对营销组合差异化进行有效完善

所谓营销组合差异化，就是由产品的销售条件和环境等具体的市场操作因素而生成的差异，包括销售价格差异、分销差异和售后服务差异。企业如何定价，最主要的还是要根据产品的市场定位、本企业的实力、和产品的生命周期来确定；销售渠道根据生产者和消费者之间经销商的多少，又有窄渠道和宽渠道之分，在同类产品中根据自己的特点和优势采用合适

的销售渠道可以取得事半功倍的效果；随着买方市场的形成，相同功能和相同质量的产品越来越多，消费者的选择越来越受到售后服务差异化的影响，即售后服务差异化成了与竞争对手争夺市场的营销利器。

（四）服务产品有形化策略

服务产品有形化策略是指企业借助服务过程中的各种有形要素，把看不见摸不着的服务产品尽可能地实体化和有形化，让消费者感知到服务产品的存在以及提高享用服务产品的利益过程。一般而言，服务产品有形化要包括以下几方面的内容。

1. 服务产品的有形化

所谓服务产品有形化，就是通过服务设施等硬件技术，如运动咨询自动应答和体育彩票自动售票等技术来实现服务自动化和规范化，保证服务行业的前后一致和服务质量的始终如一；通过能显示服务的某种证据，如各种高尔夫会员卡、健身会所会员证等代表消费者可能得到的服务利益，区分服务质量，变无形服务为有形服务，增强消费者对服务的感知能力。

2. 服务环境的有形化

企业提供服务和消费者享受服务的具体场所和气氛，便是服务环境。服务产品的核心内容中虽然不包括服务环境，但它能给企业带来"先入为主"的效应，是服务产品存在的不可缺少的条件。

3. 服务提供者的"有形化"

直接与消费者接触的企业员工，便是服务提供者。一般而言，服务提供者所具备的服务素质、性格、言行以及与消费者接触的方式、方法、态度等会直接影响到服务营销的实现。因此，为了保证服务营销的有效性，企业应对员工进行服务标准化的培训，让他们了解企业所提供的服务内容和要求，掌握进行服务的必备技术和技巧，以保证他们所提供的服务与企业的服务目标相一致。

（五）品牌策略

在现代体育市场营销过程中，品牌营销是一个十分重要并应引起各经营实体和广大体育市场经营实践工作者重视的经营策略问题。对于体育企业来说，要有效运用品牌策略，以下几个方面要特别予以注意。

1. 要对个性鲜明的品牌核心价值进行提炼与维护

品牌核心价值是品牌的灵魂和精髓，是企业一切营销传播活动围绕的中心。品牌核心价值应该个性鲜明独特，且能打动消费者的内心。在当今需求多元化的社会，没有一个品牌能成为通吃的"万金油"，只有高度差异化，个性鲜明的品牌核心价值才能以低成本吸引消费者眼球。

对于企业来说，一旦确定了品牌核心价值，就需要对其进行有效维护。品牌维护包括横向坚持，即同一时期内，产品的包装、广告、公关、市场生动化等都应围绕同一主题和形象；纵向坚持，即多年坚持在品牌不同时期的不同表达主题都应围绕同一品牌核心价值。

2. 要以品牌核心价值为中心制定品牌法则

以品牌核心价值为中心的品牌法则是统帅企业一切营销传播活动的根本大法，它使企业一切营销传播活动有法可依，有章可循。

一般而言，品牌法则主要由两部分构成，即品牌战略架构和品牌识别系统。其中，品牌战略架构主要确认企业是采取单一品牌战略，还是多品牌战略；企业品牌与产品品牌的关系如何处理；企业发展新产品时，是用新品牌，还是用老品牌来延伸，或是采用副品牌来彰显新产品个性；新品牌、副品牌的数量多少合适；如何发挥副品牌反作用于主品牌的作用等问题。品牌识别系统包括品牌的产品识别、理念识别、视觉识别、气质识别、行为识别、责任识别等，在这些识别系统中，具体界定规范了一个品牌的创业理念文化，价值观和使命，品牌的产品品质、特色、用途、档次、品牌的产品包装、IT 系统、影视广告、海报、品牌的气质特点、品牌在同行业中的地位、品牌的企业社会责任感、品牌的企业行为制度等。

这些品牌识别系统具体界定了企业营销传播活动的标准和方向，使品牌核心价值这个抽象的概念能和企业日常活动有效对接具有可操作性。

3. 要以品牌法则领导企业的营销活动

企业一旦制定了品牌法则，就要以其为核心开展一切营销活动。从产品研发、原料采购、包装设计、到广告宣传、公关活动、新闻炒作、店面布置、促销活动、售后服务以及与客户消费者沟通等，都应演绎出品牌的核心价值。这样就会使消费者在每一次接触品牌时都能感受到品牌核心价值的信息，这样意味着企业的每一分营销传播费用都在加强消费者对品牌核心价值的认知和记忆，都在为品牌做加法。

4．要不断提升品牌的美誉度和忠诚度

一个品牌要想成为强势品牌，必须提升品牌的美誉度和忠诚度，用心打动消费者。其实，品牌的巨大无形资产是在消费者心中的，消费者只有发自肺腑地认同某个品牌，它才会成为强势品牌。

第三节　体育市场营销的组织与执行

体育市场营销必须依托于一定的体育组织来完成，而且科学、高效、创新的体育市场营销组织能够充分调动体育营销人员的积极性与主动性，继而促进体育营销组织目标的执行与控制。

一、体育市场营销的组织

体育市场营销组织是体育企业为了实现经营目标、发挥市场营销职能，由有关人员协作配合的有机、协调的科学系统。它是企业组织的一部分，是为了实现体育企业营销目标，通过职能的分配和人员的分工，并授予不同的权力和职责而进行的合理协调营销活动的有机体。

（一）体育市场营销组织的演变

体育市场营销组织与一般企业营销组织的演变基本相似，只不过更为关注体育营销。具体而言，体育市场营销组织的演变主要经历了以下几个阶段。

1．简单推销部门

20 世纪 30 年代以前，西方企业的指导思想还停留在生产观念的阶段，财务、生产、推销和会计是企业发展的四个基本职能部门。其中，财务部门主要负责资金的筹措，生产部门主要负责产品的生产，推销部门主要负责产品的销售，会计部门主要负责产品成本的计算。推销部门通常是由一名副总裁来进行管理。在这个阶段，推销部门的主要职能仅限于产品的推销上。

通常而言，这一体育营销组织是在企业规模较小且产品供不应求的市场条件下实行的。

2．兼有附属职能的推销部门

在 20 世界 30 年代后，市场展现出了新的活力，而市场竞争也变得日趋激烈，大多数企业开始将推销观念作为其发展的指导思想，需要进行经常性的市场营销调研、广告宣传以及其他促销活动，这些工作逐渐演变成专门的职能，当工作量达到一定程度时，便会设立一名市场营销主任负责这方面的工作，于是兼有附属职能的推销部门产生了。

通常而言，这一体育营销组织的设立往往在产品由供求平衡向供过于求的买方市场转变过程之中，且会随着企业规模的扩大而变得日益重要。

3．独立的营销部门

随着市场竞争的加剧及营销业务的拓展，以前作为附属性工作的营销调研、新产品开发、广告促销和为顾客服务等营销职能的重要性日益增强。同时，推销经理由于精力集中于推销而无力顾及其他，于是，营销部门成为一个相对独立的职能部门出现。也就是说，在公司组织机构中，销售部门和营销部门成为密切配合但又相互独立、平等的两个职能部门，两部门的负责人均隶属于总裁的领导。

4．现代市场营销部门

在复杂的市场营销活动中，推销副总裁和营销副总裁往往需要进行相互协调和密切配合，以保障市场营销工作能够取得良好的成效。销售副总裁倾向于追求短期目标，并关注当前的销售任务的实现；营销副总裁常常倾向于长期目标，致力于从满足消费者长远需求出发来规划和研制最需要的产品和营销战略。在二者的配合中，形成了现代市场营销部门的基础，即由营销副总裁全面负责，下辖所有营销职能部门和销售部门。

5．现代营销型企业

一旦企业成立了营销部门，其优越性就会显现得非常明显，将会使企业的市场营销活动成为一个整体。但是，一个企业有了一个现代营销部门并不等于它已是现代营销企业。一个企业是否是现代营销企业取决于企业的其他高级职员对企业的营销功能抱什么态度。如果他们认为营销只不过是一种推销功能，那么他们还没有了解营销的功能，只有当他们认为各部门的工作都是为顾客服务，营销不仅是一个部门的名称而是整个公司的指导思想时，这样的公司才能算是现代营销企业。

（二）体育市场营销组织的类型

在当前，体育市场营销组织的类型主要有以下几种。

1．职能型组织

这是最常见、最传统的市场营销组织形式，是在营销副总裁统一管理和协调下设立多种营销功能部门。它强调市场营销活动的各种职能。如销售、广告和研究等的重要性，并把销售职能看成市场营销的重点，而广告、产品管理和研究职能则处于次要地位。

这种体育市场营销组织类型的主要优点是管理层次少、分工明确、便于协调组织。不过，当企业只有一种或很少几种产品，或者企业产品的市场营销方式大体相同时，按照市场营销职能设置的组织机构比较有效。但是随着产品品种的增多和市场的扩大，这种组织形式就会暴露出越来越多的弊端，如发展不协调以及之间难以协调等。既然没有一个部门能对某产品的整个市场营销活动负责，那么各部门就强调各自的重要性，以便争取更多的预算和决策权力，致使市场营销总经理无法进行协调。

2. 地理型组织

如果一个企业的市场营销活动是面向全国或全世界，就会按照地理区域设置其市场营销机构。这种企业除了设置职能部门经理外，还按照地区的范围大小和重要程度分层次地设置地区性经理。有些企业还进一步在某地设置本地市场营销专家，负责研究本地市场情况，便于市场渗透。

3. 产品型组织

产品型组织是指为了适应企业生产多种产品或多种不同品牌，而按产品或品牌所建立的一种管理组织。其基本做法是，由一名产品营销经理负责，下设几名产品线经理，产品线经理之下再设几个具体产品经理去负责各具体的产品。

在企业所生产的各产品差异很大、产品品种过多，以至于按职能设置的市场营销组织无法处理的情况下，就可采用这种市场营销组织。产品市场营销经理的职责是制定产品开发计划，确保计划的实施，监测其结果并采取改进措施。

产品型组织形式的优点在于产品市场营销经理能够有效地协调各种市场营销职能，并对市场变化做出积极的反应。同时，由于有专门的产品经理，知名度较小的品牌不会被忽视。不过，该组织形式也存在不少缺陷：产品管理经理为得到广告、销售、生产部门的合作与支持，往往陷入日常的协调工作而不能分身，从而忽略了产品规划工作；产品经理往往是某一项产品的技术专家，但却不熟悉其他市场营销业务；当产品品种不能增多时，可能引起管理人员相应增多，从而导致营销费用的增多。

4. 市场型组织

当企业拥有单一的产品线，市场存在不同的偏好和消费群体、不同的分销渠道，企业就可建立市场型组织，使市场成为企业各部门服务的中心。市场型组织由一名市场主管经理和几名市场经理组成，市场经理的职责是负责制定所辖市场的长期计划和年度计划，分析市场动向及企业应该为市场提供什么样的新产品等。

市场型组织的优点在于，企业营销活动的重点不再完全集中在营销功能、销售地区或产品上，而是按照满足各类不同顾客的需求来组织和安排的，这有利于加强销售和市场开拓。不过，这样的组织形式存在权责不分和多头领导的矛盾，不利于工作的顺利开展。

（三）体育市场营销组织建立的影响因素

在现实的体育市场营销活动中，体育市场营销组织的建立会受到多方面因素的影响，其中较为重要的有以下几个。

1. 体育企业的规模

实现营销目标是体育企业设置市场营销组织的主要目的。虽然不同体育企业的营销目标都有一定的共性，但是企业的不同规模很大程度上决定了其物质基础的不同，也就容易导致不同规模企业的营销目标存在较大差异。因此，体育企业的市场营销组织首先需要与企业的规模相适应。一般说来，规模较大的企业，拥有雄厚的人力、物力和财力用于市场调研，以保持现有的市场和开拓新市场，这样企业的市场营销组织就会比较复杂；而规模较小的企业，受到人力、物力和财力资源不足的约束，对市场不能进行周密的调查，市场营销组织也就比较简单，不用像大公司一样须要设置各类市场营销专职人员、专职部门以及较多的管理层次。

2. 体育产品的特点

在市场上，各个体育企业的生产和经营的产品性质都有所不同，有的是有形产品，有的是无形产品，因此在营销组织的建立上必然会体现出不同的特色。另外，企业生产和经营的产品品种和规格少，其市场营销组织就比较简单；生产和经营的产品品种和规格多，就需要相应地设置产品经理，其市场营销组织就复杂得多。

3. 体育市场的状况

体育市场状况通常指的是体育企业目标市场的范围、销售渠道的多少、市场占有率的大小以及市场的竞争状况和市场环境的复杂程度等。一般说来，市场状况是市场营销组织和人员多寡的决定性因素。例如，在目标市场的范围上，有面向国际市场的体育企业，有面向国内市场的体育企业，有面向某一地区的体育企业，甚至还有只面向某一地区中的某个地方的体育企业。而体育企业这种范围上的差别，就会产生企业市场营销组织机构和人员在设置上的差异。目标市场范围大的，企业就要设立区域性的营销机构，以分管不同区域的营销活动。此外，销售量较大的市场，或者市场占有率较高的市场以及竞争较激烈的市场，一般都要求设置较大的市场营销组织。

4. 营销人员的素质

在体育企业中，营销人员的素质主要包括了营销管理者的理论知识、思想觉悟、业务水平、工作能力、营销经验等。而营销人员的素质越高，营销组织的层次和人员可能越少，反之越多。

二、体育市场营销的执行

体育市场营销战略和营销计划做得再好，如果没有执行或执行不当，也不会取得相应的成效。因此，在进行体育市场营销时，要高度重视体育市场营销的执行。

所谓体育市场营销的执行，就是体育企业为实现其战略目标而致力于将营销战略和计划转变成具体的营销方案的过程。

体育市场营销的执行，通常包括以下几方面的内容。

（一）制定体育市场营销方案

合理的营销方案可以促进营销战略的有效制定，因此，制定合理的体育市场营销方式是体育市场营销执行的首要环节。

在制定体育市场营销方案时，应明确体育市场营销战略执行的关键决策和任务，并将执行这些决策和任务的责任落实到个人或小组。此外，在体育市场营销方案中，对于执行的时间点予以明确。

（二）建立体育市场营销的组织机构

在企业营销战略的执行过程中，组织机构往往起着极为重要的作用。组织机构能够使企业内分工更加明确，即可以将全部工作分解成便于管理的几个部分，再将它们分配给各有关部门和人员。同时，组织机构可以发挥一定的协调作用，通过正式的组织联系和信息沟通网络对部门和人员行动进行协调。

需要特别指出的一点是，企业的组织结构必须要与企业的战略相符合。也就是说，具有不同战略的企业须建立不同的组织机构。

（三）制定合理的决策和报酬制度

此举直接关系到营销战略实施的成败。以企业对管理人员工作的评估和报酬制度为例，如果它是以短期的经营利润为标准的话，管理人员的行为必定趋于短期化，他们就不会有为长期战略目标而努力的积极性。

（四）开发人力资源

人力资源的开发在企业运转中至关重要，因为在企业的营销战略中，人力资源的开发最终是由企业内部的工作人员来实施的。人力资源的开发主要涉及人员的考核、选拔、培训和激励等方面的问题。在安置人员时要注意做到人尽其才；为了激励员工的积极性必须建立完善的工资、福利和奖惩制度。

（五）塑造企业文化

企业文化是得到企业内部全体人员认同，并且共同持有和遵循的价值标准、基本信念和行为准则。它会对体育企业的经营思想、领导风格、职工的工作态度和作风等产生决定性的作用。因此，必须积极塑造良好的企业文化。

三、体育市场营销的控制

所谓体育市场营销控制，就是对企业市场营销业绩的检查与评估。其主要目的是通过信息交流与反馈，达到对企业体育市场营销活动进行调节，最终适应企业内外部环境变化对体育市场营销的要求。

（一）体育市场营销控制的程序

在进行体育市场营销控制时，通常要经过以下几个环节。

1. 确定控制对象

在进行体育市场营销控制时，首要且关键的一步便是确定控制对象。若是控制对象错误，以下环节必然也就失去了意义。

在对控制对象进行确定时，需要确定营销控制的范围、额度，即明确对市场营销计划的哪些方面进行控制，然后再将确定的每一范围层次化、具体化。

2．制定控制标准

控制标准主要指的是以一定的衡量尺度来表示出控制对象的预期活动范围或可接受的活动范围，即对衡量标准加以定量化。

在制定体育市场营销控制标准时，必须依据以下几个方面。

第一，体育营销组织的本期计划。管理者可以根据本期相应的各种计划指标来直接作为控制标准；也可以将本期的各项计划指标作为基础，根据计划执行中的实际情况，及时对各种计划指标进行调整，使其成为控制标准。

第二，体育营销组织的基期营销绩效。体育市场营销管理者可以将基期的各种实际营销绩效作为基础，对本期主客观条件的变化进行充分的考虑，积极对基期营销绩效进行修正，然后作为本期控制标准。

第三，营销组织的同期营销绩效。在对一个计划周期的市场营销进行控制时，可以将一周期相应期间的实际营销效率作为基础，来制定出相应的控制标准。

第四，主要竞争者的营销绩效或计划。在市场竞争中，主要竞争者的营销活动与本企业的营销活动是有着密切联系的。因此在制定营销控制标准时也要充分考虑主要竞争者的营销绩效或计划。

第五，全行业的平均营销绩效。全行业的平均营销绩效是对整个行业发展水平的一个集中反映。企业可以将全行业的平均营销绩效作为基础，同时联合全行业中最高水平和最低水平，考虑本企业的特殊情况，制定控制标准。

3．确定企业实际营销绩效

当体育企业明确了市场营销的控制范围、制定了相应的控制标准后，就需要确定企业的实际营销绩效，并将其与控制标准进行对比，明确企业实际营销绩效与标准之间的差距。

在这一过程中管理者所进行的调查研究必须深入细致，以保证所取得的反映本企业实际营销资料具有较高的准确性。

4．对企业实际市场营销绩效与控制标准之间的偏差进行分析

在企业的实际市场营销绩效与企业营销目标出现偏差时，通常会表现为以下两种情形。

第一，企业的实际市场营销绩效没有达到企业营销目标。

第二，企业的实际市场营销绩效超过企业营销目标。

这两种情形都是市场营销的不正常现象，反映了市场营销组织和管理的弱点。而导致这两种情形出现的原因，具体来说有以下几个。

第一，企业对本身资源及外部环境与目标市场估计不足，导致所制定的营销计划与客观实际不符。

第二，市场营销系统的内部要素发生了变化。

第三，市场营销系统的外部环境发生了变化。

对于上述偏差，企业应及时根据这三方面的原因，对原有计划进行科学的修订和调整。

5. 纠正偏差

在明确了企业实际市场营销绩效与控制标准之间存在的偏差后，就需要及时采取相应的措施进行纠正。通常而言，偏差发生的原因不同，其校正的方法也会不同。如果是计划指标问题造成的偏差，其涉及面就比较广，需要进行一系列的相关调整；如果是环境变化造成的偏差，就应对照计划进行相应的调整；如果是某计划执行中出现的问题造成的偏差，就必须根据具体情况，迅速制定补救措施加以改进。

（二）体育市场营销控制的形式

在进行体育市场营销控制时，通常可以借助于以下几种形式。

1. 年度计划控制

保证公司实现它的年度计划中所制定的销售、利润及其他目标，是年度计划控制的主要目的；对销售额、市场占有率、费用率等进行控制，是年度计划控制的主要内容；目标管理是年度计划控制的中心。

体育企业在运用年度计划控制对体育市场营销进行控制时，需要遵循如下的控制过程，具体如图 6-1 所示。

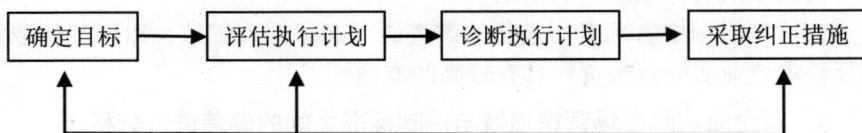

图 6-1　控制过程

（1）建立年度计划控制的目标。

（2）对年度计划控制目标的执行情况进行衡量。在这一过程中，可以具体通过销售分析、市场份额分析、营销费用——销售额分析、财务分析和顾客态度分析来进行衡量。

第一，销售分析。销售分析是通过将销售目标和实际销售情况结合起来，进行统一的衡量和评价。它又具体包括销售差异分析与微观销售分析两个层次，销售差异分析用以衡量在销售目标执行中形成缺口的不同要素所起的相应作用；微观销售分析分别从产品、销售地区以及其他有关方面考察销售目标执行中未能完成预定销售份额的具体原因及作用程度。

第二，市场份额分析。市场份额是指公司产品占整个行业的比例，市场份额分析就是通过分析企业产品占整个行业的比例，来明确企业与竞争者相比处于怎样的位置。如果市场份额增加了，就意味着比竞争者跑得快；如果市场份额降低了，就意味着公司落后于竞争对手。

第三，营销费用——销售额分析。年度计划控制要求保证公司在实现其销售目标时，没有过多的开支，这主要取决于营销费用对销售额的百分比，如果费用与销售额的比率超过了一定的控制范围，就需要对各种资料进行分析。

第四，财务分析。营销费用与销售额之比应放在一个总体财务构架中进行分析，以便决定公司如何花钱，把钱花在什么地方。营销者越来越倾向于利用财务分析来寻找提高利润的战略，而不仅仅是限于扩大销售的战略。管理者往往利用财务分析来判断影响公司资本净值报酬率的各种要素。

第五，顾客态度分析。顾客态度分析侧重于定性分析，主要有意见和建议制度、顾客固定样本调查小组及顾客调查等。

（3）对年度计划控制目标执行过程中存在的问题进行诊断。

（4）采取相应的纠偏措施。

2. 盈利率控制

这是企业对各类体育产品、地区、消费群、分销渠道和订单规模等方面获利能力的分析。对不同的产品、地区、顾客群、销售渠道和订货量的盈利率进行控制，有利于帮助企业决定哪些产品或营销活动应该扩大、应该收缩或者取消。因此，营销管理者必须依据产品、地区、消费者、渠道等方面的特点和类别，利用财务部门提供的报表，对各种营销损益表进行重新编制，并对其进行详细的分析。

由于体育有形产品和无形产品的形式、成本预算、收益途径、消费方式、产品渠道和销售方式都有较大区别，使得体育企业赢利渠道呈现出多元化发展的趋势，这就更要求企业进一步加强对自身的赢利控制。

3. 效率控制

效率控制主要是指企业采用有效方法对营销队伍、广告、促销等活动进行控制，以实现企业营销综合效率的最大化。因此，在利用效率控制进行体育市场营销控制时，可具体从以下几方面着手。

（1）营销队伍效率控制。

营销队伍效率控制要求各级营销经理都应该掌握自己地区营销队伍效率高低的几个关键性指标，具体如下。

第一，每个推销员平均每天推销访问的天数。

第二，每次推销访问平均所需的时间。

第三，每次推销访问的平均收入。

第四，每次推销访问的平均成本。

第五，每次推销访问的招待费。

第六，每100次推销访问的订货单百分比。

第七，每一期新的顾客数。

第八，销售队伍成本与总成本的百分比。

（2）广告效率控制。

要对广告效率进行客观评价是十分困难的，但可以通过一些间接指标对其进行反映，具体如下。

第一，每一种媒体类型、每一个媒介工具触及1 000人的广告成本。

第二，每一个媒介工具能够注意、看到、联想该广告的人与该媒介观众的百分比。

第三，对于产品态度的事前、事后衡量。

第四，由广告所激发的询问次数。

第五，每次调查的成本。

企业可以通过一些举措对广告效率进行改进，如做好产品定位、明确广告目标、预测广告信息、选择较好的广告媒体等。

（3）促销效率。

销售促进包括几十种具体方法，为了提高其促销效率，公司应该坚持记录每一次促销活动及其成本、促销对销售额的影响。具体可以通过以下统计来反映：优惠销售所占的百分比、每单位销售所占商品陈列成本、赠券的回收率和一次示范表演所引起的询问次数等。

4．战略控制

在营销领域中，各种目标、政策、战略和计划与环境变化有时不能保持一致，公司对此需要对其战略进行定期评价。一般而言，有两种战略控制工具可以利用，即营销效益等级评估和营销审计。其中，营销效益等级评估从顾客导向、营销组织、营销信息、战略计划和工作效率五个方面描述了一个公司或一个事业部的总体营销效益。营销审计是对一个组织的营销环境、目标、战略和活动所进行的全面、系统、独立和定期的检查。营销审计的目的在于确定营销存在的问题、提出正确的行动计划，以提高组织的总体营销效益。

体育在作为商品的同时，也可以作为商品推销的媒介或载体，这使得对其进行战略控制包括了更为丰富的市场环境内容。当它被作为商品时，对体育商品生产与营销目标的成本和体育市场需求的环境综合关系的分析就成为战略控制的重点，而当体育活动作为其他工业品推销的机会、媒体或载体时，它便会获得可观的经济效益。事实上，大多数体育企业看中的并不是体育本身，而是体育给企业带来的巨大社会效益和经济效益。体育企业往往，会将重大体育比赛作为自己企业实施战略控制的一个契机或对象，以优化企业对体育的赞助计划，确保企业实现自己利益最优化战略。

（三）体育市场营销控制的方法

在进行体育市场营销控制时，可以借助于以下几种具体的方法。

1．简单控制法

所谓简单控制法，就是对各部门提供的各种报表和其他数据资料进行简单分析，实现对营销结果的控制。这种方法适用于多种情况的控制。例如，了解某一地区的销售情况、某种产品的销售情况、销售任务的完成情况、销售费用的支出情况及利润的实现情况等。

2．因素控制法

所谓因素控制法，就是通过对几个相互联系的因素对某一综合营销目标的影响程度的计算，来实现对重点因素的控制。例如，影响体育企业销售利润下降的因素有很多，包括销售量、单价、销售费用、管理费用等。通过对这些因素的具体分析，可以找出其中的关键因素，然后集中力量对该因素中存在的问题进行解决。

3．对比控制法

所谓对比控制法，就是通过对企业营销活动及其成果与不同的指标对比，对此期间的差异及发生差异的原因进行详细分析，实现对企业营销计划和营销决策实施的控制。

进行对比控制的指标有很多，包括实际指标与计划指标对比、本期指标与上期指标对比、本期指标与历史最高水平指标对比、本企业指标与同行业先进水平对比等。

4．比率控制法

所谓比率控制法，就是通过对几个营销数据的相对比率的计算，对体育企业营销计划的执行情况进行评估，从而实现对企业变动速度的控制。根据评估内容和要求的不同，可分为相关比率控制法、组合比率控制法和动态比率控制法等。

（1）相关比率控制法。

在企业的营销活动中，性质不同但相互联系的两个指标的比率称为相关比率。例如，许多指标可与销售额形成相关比率，广告费用与销售额的比率为广告费用率，退货数额与销售额的比率为退货率，仓储费用与销售额的比率为仓储费用率等。各企业在营销中所存在的某些问题可以通过相关比率进行一定的了解。

（2）组合比率控制法。

组合比率是通过对两种以上的比率进行组合，对某些项目的特点和变动趋势进行分析和评估，实现对该项目营销效果的控制。例如，运用销售费用和销售收入两项指标各自完成计划的百分比的组合，来对各地区的销售状况进行分析，以实现对各地乃至全部市场销售效果的控制。通过运用组合比率的分析，可以对不同销售效果的地区分布进行有效控制，有针对性地解决不同地区市场中存在的问题。

（3）动态比率控制法。

动态比率是把企业不同时期的同类指标数值进行对比，通过对评估指标发展方向和增减速度的观察，实现对变动趋势的分析。运用动态比率控制，可以找出营销变动的趋势，为分析原因提供条件。

5．幅度控制法

所谓幅度控制法，就是把计划执行的情况进行一定范围划分，只要不超过规定的幅度就算正常，如果超过规定幅度，体育企业就要采取相应的措施。

第七章　体育消费者行为理论分析

第一节　体育消费者行为理论基础

一、消费者及消费者行为认知

（一）消费及消费者

1. 消费的内涵及特点

消费是社会再生产过程中的一个重要环节，也是最终环节。它是指利用社会产品来满足人们各种需要的过程。

消费的特点主要表现在以下几方面。

（1）多样性和复杂性。

多样性表现于消费者在需求、偏好以及选择产品的方式等方面各有侧重，互不相同。同一消费者，在不同时期、不同环境、不同产品的选择上，其行为显现出很大的差异性。例如，同一位消费者在购买手机时，其认识、认知程度是在不断提升的。从开始只是考虑其通信功能，到现在在上网、娱乐、摄像、全球定位系统（GPS）等功能，手机的单功能——多功能——全功能的发展轨迹让消费者的消费决策变得复杂了。这种消费者行为的复杂性，一方面可以通过它的多样性、多变性表现出来；另一方面，表明它受很多内、外部因素的影响，而且其中很多因素既难识别又难把握。消费者行为研究结果已经证明，人们的消费行为均受动机的驱使，但每一行为背后的动机往往又是隐蔽的和复杂的。同一动机可以产生多种行为，同样，同一行为也可以由多种动机所驱使。不仅如此，消费者行为还受各种文化的、社会的、经济的、个体的因素影响，而且这些因素对消费者行为的影响有的是直接的，有的是间接的；有的是单独的，有的是交叉的或交互的。正是这些影响因素的多样性、复杂性，决定了消费者行为的多样性和复杂性。

（2）可诱导性。

消费者有时对自己的需要并不能清楚地意识到。此时，企业可以通过提供合适的产品来激发消费者的需要，也可以通过有效的广告宣传、营业推广等促销手段来刺激消费者，使之产生购买欲望，甚至影响他们的消费需求，改变他们的消费习惯，更新他们的消费观念，树立全新的消费文化。自 20 世纪 70 年代以来，人类的生存环境发生了恶化，气候变暖、白色污染、人口爆炸、资源匮乏等，为人类敲响了警钟。任何企业若无视环境的恶化，就会逐渐走向衰落。近年来，很多国家制定了生态标志和标准，批准使用的生态产品（绿色食品）越来越多。绿色浪潮开始涌向全球，这是人类消费和社会经济的巨大变革，也体现了 21 世纪消费发展的大趋势。

今天，在大多数的情况下消费者对商品有选择的自由，企业可以在法律和社会规范的框架内对消费者予以劝导，施加影响。但是如果采取欺骗、垄断等手段来影响消费者，则将构成对消费者的侵权。此时，就会引发严重的道德伦理问题，同时会受到法律和政府的干预。例如，在岁末之际，许多商家都会紧锣密鼓地做促销活动，但几乎所有的返券行为都附有一定的限制条件，即每个商家都拥有对此次促销活动的最终解释权。这虽然在一定意义上促进了商品的销售，增加了商家的客流量，但同时也给人们的消费带来了许多麻烦。返券的限制消费让人们费尽心思，购物时并不能做到随心所欲，这样的促销活动能为消费者带来什么实际利益，是否涉及虚假宣传和欺诈行为，恐怕商家并没有认真思考。

2. 消费者的内涵

狭义的消费者，是指购买、使用各种产品和服务的个人。广义的消费者，是指购买、使用各种产品与服务的个人或组织。本章主要是从狭义的角度来研究消费者行为。

人从其诞生之日起，就已经开始消费各种各样的社会产品了。对这些产品的消费，有些是基于人们生理的需求，这是人们维持自身的"简单再生产"所必需的；有些是基于人们较高层次的心理和精神需要而做出的决定，如不断地学习、不断地更新知识、不断地购买各种参考资料、不断地进修深造。这两种消费虽然都是人类需要的层次，但它们既有区别又有联系。前者是人们的一种本能性消费，它是人类全部消费的基础；后者是一种社会性消费，它源于又高于本能性消费。随着社会经济和科学技术的发展，无论是本能性消费，还是社会性消费，其消费对象越来越丰富多彩，由此使消费者在消费过程中得以更充分地体现自己的个性。在现实生活中，同一消费品的购买决策者、购买者、使用者可能是同一个人，也可能是不同的人。例如，大多数成年人用品很可能是由使用者自己决策和购买的，当然也不排除他人为其购买的可能。而大多数少儿用品的使用者、购买者和决策者则很有可能是分离的。如果把产品的购买决策、实际购买、使用视为一个统一的过程，处于上述过程任一阶段的人，都可能成为消费者。

（二）消费者行为

1. 消费者行为的内涵

美国市场学会把消费者行为定义为，感知、认知、行为以及环境因素的动态互动过程，是人类履行生活中交易职能的行为基础。对这一定义，可以做以下理解。

这个定义强调消费者行为是动态的。这意味着作为个体的消费者和作为群体的消费者以及整个社会都随着时间的推移在不断地发展和变化。例如，在中国，人们对于广告最初的认识是很模糊的，甚至是偏激的、逆反的。而现在，更多的人已能从不同的角度去认识广告、接受广告了。同样，对消费者行为的研究也是在特定历史时期、特定历史环境中进行的分析。

从企业制定营销战略的角度出发，消费者行为的动态属性表明，企业不能期望同一个营销战略在所有的时期对全部的产品、市场和产业都适用，企业必须根据自身的经营战略、资源状况、市场环境和消费者的需求反应及变化来制定目标市场营销战略。

消费者行为包含感知、认知、行为以及环境因素的互动作用。也就是说，企业要想了解消费者并制定适宜的营销战略，就必须了解消费者在想什么（认知）、感觉如何（感知）、要做什么（行为）以及其想法、感觉和行为相互影响的事情和环境（环境心理因素）。

消费者行为涉及交易行为，这是该定义中所强调的一点。这一点使消费者行为的定义与市场营销的定义保持了一致性，后者在定义中也强调交易。事实上，市场营销的作用就是通过系统地制定和实施营销战略，制造与消费者的交易。

在现代市场经济条件下，企业研究消费者行为是为了与消费者建立和发展长期的交换关系。为此，它需要了解消费者消费活动的全过程。在获取阶段，它需要了解消费者是如何获取产品和服务信息的，它需要分析影响消费者选择产品和服务的因素有哪些；在使用阶段（消费阶段和处置阶段），企业也需要了解消费者是如何消费产品的，以及产品在用完和消费之后是如何被处置的。因为消费者的消费体验、消费者处置旧产品的方式和感受，均会影响消费者的下一轮购买。和获取阶段相比，专家、学者、营销工作者对消费阶段和处置阶段的关注较少。事实上，在研究消费阶段时，人们关注消费者如何真正获得一种产品和服务，他们从使用中得到了什么体验，这是十分重要的，特别是对服务行业更具典型意义。例如，对旅游者而言，一次愉快的旅途生活，包括沿途见闻、热情周到的服务会让他们流连忘返；反之，一次糟糕的游历也会让人失望、沮丧、不满，甚至还会诉诸法律，这在中国的涉外旅游中屡见不鲜。因此，随着人们对消费者行为研究的深入，人们越来越深刻地认识到，消费者行为是一个整体，是一个过程，获取或者购买只是这一过程的一个阶段。所以，研究消费者行为，既应调整、了解消费者在获取产品、服务之前的评价与选择活动，也应重视在获取产品后对产品的使用和处置等活动。只有这样，对消费者行为的理解才会趋于完整。

2．影响消费者行为的因素

影响消费者行为的因素主要有三大类：消费者自身因素、环境因素和企业市场营销因素。

（1）消费者自身因素。

消费者自身因素包括：①消费者的生理因素，如消费者的性别、年龄、健康状况和生理特点等；②心理因素，如消费者的意识、感觉、知觉、情绪、情感、意志等；③行为因素，即消费者已经发生或正在发生的外在行为影响其后续行为，如购买耐用品后的使用成本、维修、保养、保险等。

（2）环境因素。

环境因素指消费者外部世界的所有物质和文化要素的总和，包括：有形的物体，如商品和商店；空间关系，如消费者与商店的空间距离、商店的位置及商品在百货店中的位置；消费者的社会行为，如在商店里购物的消费者身份是什么，他们在想什么、在买什么等。

环境因素是影响消费者心理和行为的主要因素，如商店的装潢、装饰，商店所经营商品的档次、品位等，都会影响消费者的购买决策。许多营销人员比较重视可视环境，因为它直接影响消费者的行为，但是对非可视环境的研究也不容忽视，如企业文化的建设问题，怎样形成独特的企业文化，特别是品牌文化，也是需要每个企业认真考虑的。

（3）企业市场营销因素。

企业市场营销因素包括企业营销战略、产品策略、价格策略、渠道策略和促销策略等。

二、体育消费的认知

（一）体育消费的内涵

体育消费是指人们在体育活动方面的个人消费支出。体育消费可分为狭义的体育消费和广义的体育消费。

狭义的体育消费，主要指那些直接从事体育活动的个人消费行为，即消费者参与体育活动并消费与体育直接有关的实物产品、精神产品，如买票观看体育比赛、体育表演，参加武术、健美、气功、健身等学习班的学费，个人购置的运动器材、健身器材、运动服装等。

广义的体育消费，则包括人们为了取得身心健康、陶冶情操、获得美的享受、欢度闲暇时间、提高生活质量、促进人的体力和智力的全面发展而从事各种与体育活动有直接或间接联系的个人消费行为，即消费者通过支付货币所得到的各种和体育有关的效用。如为参加体育活动或观赏运动竞赛表演而需要外出旅行所支付的交通费、住宿费及购买食品饮料等费用，或者为观看体育比赛及节目而购买的电视、录像带、报刊、书籍，以及集投资与娱乐于一体的购买体育彩票等多方面的支出。

（二）体育消费的特点

体育产品的特点决定了体育消费是一种多种内容的消费，因此，体育消费具有不同于一般实物产品和服务产品的消费特点。具体来说，主要体现在体育消费的综合性、同时性、变动性及互补性等方面。

1. 体育消费的综合性

体育消费是贯穿于整个体育活动的连续动态过程，因而体育消费具有综合性消费的显著特点。一方面，从体育消费活动的对象看，体育消费是以参与体育为中心、集体育实物和服务消费为一体的综合性消费活动。任何体育参与者为了实现自己的体育目的，都必须凭借某种体育产品，因此要在体育活动中购买一定的体育产品和体育服务产品。另一方面，从体育消费的构成看，体育消费不仅包括对体育产品、体育设施、体育服务等多种直接要素的消费，也包括对衣、食、住、行等多种间接服务的消费。因此，体育消费是一种涉及多方面和多因素的综合性消费。

2. 体育消费的同时性

随着社会经济的发展及人们消费水平的提高，体育消费呈现出不断扩大的趋势。在体育活动过程中，体育消费是在满足人们的享受需要和发展需要以后，为实现更高层次的需要而进行的高级消费形式。体育消费者必须满足基本的生理需要，因而必然要消费一定量的实物形态的产品。体育参与者购买了体育产品并进入体育消费时，体育服务产品才对体育参与者具有价值和使用价值，一旦体育参与者离开，体育服务产品对体育参与者的价值也就消失。因此，体育参与者对体育服务产品的购买和消费具有同时性的特点。但从总体上看，对体育服务的消费不仅在量上占有绝对优势，而且贯穿于体育参与者参与体育活动这一消费过程的始终。体育服务一般不体现在一定的物质产品中，也不凝结在无形的精神产品中，而是以劳务活动的形式存在，从而构成体育产品的特殊形式。

3. 体育消费的变动性

体育消费作为一种高层次消费，其在体育产品的品种、数量和质量需求方面具有较大的变动性。一方面，体育消费是一种弹性较大的消费，即体育参与者的职业、年龄、性别、宗教信仰、兴趣爱好、受教育程度等方面的差别，使其对体育产品消费的品种、数量和质量之间存在一定的差异。另一方面，许多因素都会影响体育消费的数量和质量。除了通常所说的体育产品价格、人们可支配收入外，经济形势、社会经济发展水平、风俗习惯等都会直接或间接地影响体育消费的变动。

4. 体育消费的互补性

体育消费的综合性特点，使得构成体育消费对象的各个部分具有互补的性质。一项体育产品消费的实现必然伴随着其他各种消费项目的产生，从而要求相关部门及企业的互相配合，密切合作，才能提高综合经济效益。例如，体育参与者打网球除了购买网球拍外，还必须购买网球、服装、租场地、购买饮料等。

（三）体育消费的分类

对体育消费概念的认识不同，其体育消费分类也不同。有一种观点把体育消费分成体育实物消费、体育劳务消费（也称参与型体育消费）和体育信息消费（也称体育精神消费）三大类。有一种观点把体育消费按照消费的功能分成观赏型体育消费和参与型体育消费，并把体育消费资料形式分成服务形式、实物形式和精神产品形式的消费资料。另外一种观点认为体育消费应分成有形的实物消费（体育产品消费）和无形的劳务消费（或称非实物型消费）两大类，但同时把体育消费定位在介于有形与无形的体育消费之间。

　　目前，对体育消费进行分类仍是从现实的体育消费角度，而不是从三次产业划分的角度。按照三次产业的划分标准，体育产业属于服务业，其体育消费理应属于服务消费。除了以上分类外，还可根据体育消费主体、消费层次、消费形态等不同，以及按照不同的体育目的、不同国家或地区的体育消费参与者、不同的体育季节、不同的体育消费水平等将体育消费划分为不同的类型，从而为体育市场研究提供科学的依据。这里主要介绍以下四种。

1. 按体育消费主体分类

　　根据体育消费主体的不同，可以将体育消费分为个人体育消费、家庭体育消费。消费主体一般可分为个人、家庭和集体。由于体育活动主要是一种个人的活动，因此，体育消费按消费主体通常可划分为个人体育消费和家庭体育消费。

　　（1）个人体育消费。

　　个人体育消费是指为满足个人生活需求而引发的对各种实物产品的消费、个性全面发展需求的消费，是为了提高人们的文化素质，陶冶情操，提高劳动者的智力、体力，从而达到劳动力扩大再生产的目的而进行的消费。因此，个人体育消费包括人们在体育过程中所获得的满足其发展与享受的物质产品、精神产品和体育服务三个方面的消费，是一种满足体育参与者个性全面发展需求的高层次消费。

　　（2）家庭体育消费。

　　家庭体育消费是指以家庭为单位的体育消费。家庭是补偿劳动力消耗、再生产劳动力、提高劳动力素质的重要场所，也是进行体育消费的基本经济单位。家庭体育消费包括物质消费与精神消费两个方面。因此，搞好家庭体育活动，积极引导家庭体育消费，正确开展各种类型的体育活动，对于促进体育产业的发展和精神文明建设都具有十分重要的意义。

2. 按体育消费层次分类

　　根据体育消费层次的不同，可以将体育消费分为生存消费、享受消费和发展消费。体育消费是社会生产力发展到一定阶段的产物，体育消费是个人在满足基本的生存消费之后以追求发展和享受等方面需要的个人消费行为。

（1）生存消费。

生存消费是通过对各种生存资料，包括衣、食、住等基本生活资料的消费而实现的。它是恢复体力和脑力、维持劳动力再生产的必要条件。

（2）享受消费。

享受消费是通过对各种享受资料的消费来实现的。它是保证人们生活消费更加舒适和愉快、增进身心健康、获取美的享受的必要条件，是体育活动的主要内容，也是体育消费的主体部分。

（3）发展消费。

发展消费是通过对各种发展资料的消费来实现的。它是发展人的体力和智力，开发体力和智力资源的必要条件。

上述三个层次的体育消费，在体育活动中是相互交错、密切联系的，很难划定它们之间的界线。一般来讲，在满足体育参与者生存消费的同时，必须满足其享受和发展的消费，而满足体育参与者享受与发展的消费中又往往包含其生存需要的满足。

3．按体育消费形态分类

根据体育消费形态的不同，可以将体育消费分为体育实物消费和体育服务消费。

（1）体育实物消费。

体育实物消费是指体育参与者在体育活动过程中所消耗的有形物质产品。如各种运动器材、运动服装、运动食品、运动饮料、体育图书与报刊等，这类消费以，实物的形态表现出来。

（2）体育服务消费。

体育服务消费是由体育产业部门提供的以流动形态存在的体育消费资料，它以一定的服务活动方式来满足消费者的体育需要。如对各种健康咨询、体育表演、体育比赛等所进行的消费。体育服务消费主要是满足体育参与者的精神需求。这类消费相对于实物消费而言层次较高，在物质生活水平日益提高的情况下才有可能实现。

4．按体育消费品的功能分类

根据体育消费品的不同功能，可以将体育消费分为观赏型体育消费、实物型体育消费和参与型体育消费。

（1）观赏型体育消费。

观赏型体育消费是指以满足人们视觉为主的体育消费资料，如各种体育比赛、体育表演、体育展览等。

（2）实物型体育消费。

实物型体育消费是指人们购买各种和体育活动有关的体育实物消费资料的消费行为，如购买运动器材、运动服装、运动饮料以及各种体育报刊、图书、画册等。这种实物型体育消费可分为两部分：一部分是为了直接参与各种体育活动而购买各种体育运动器材、运动服装等体育实物消费资料；另一部分是为获得体育知识和掌握运动技巧而购买的诸如各种体育报刊等消费资料。

（3）参与型体育消费。

参与型体育消费是指人们对各种和体育活动有关的体育服务消费资料进行消费的行为，如为参加各种各样的体育活动、健美训练、健康咨询等所支付的各项费用。

三、体育消费者及体育消费者行为

（一）体育消费者的内涵及分类

1. 体育消费者的内涵

体育消费者就是购买、使用体育产品的个人或者组织，体育消费行为源于体育消费者的体育需要、欲望和需求。需要是指人类尚未满足的生理或者心理状态。当需要指向具体的可以满足需要的特定物品时，需要就变成了欲望。

例如，一个消费者不满意自己过胖的体型，就会产生减肥的需要。而当该消费者希望通过参加有氧操、游泳和慢跑等形式来减肥时，他的欲望就是有氧操、游泳和慢跑的课程和装备。需求是指对某个具体产品的有购买能力的欲望。

体育营销者不仅要估计有多少人对自己的体育产品有欲望，还要估计有多少人真正愿意并有能力购买自己的产品。例如，一些消费者因为无法承担现场观看 F1 上海站赛事的支出而无法去现场观看比赛。因此，这些消费者因为没有购买能力而无法成为 F1 的现场观赏的有效需求者。瑜伽是女性偏好的体育运动项目，却被很多男性认为过于阴柔而不愿意参与。这些男性因为没有购买欲望也无法成为瑜伽课程的有效需求者。

2. 体育消费者的类型

从体育赛事来说，体育消费者主要有观众、赞助商、媒体、体育参与者等类型。体育消费者构成了体育市场。

（1）观众。

观众是指观赏服务的直接购买者。观众为满足自我的休闲娱乐需求而进行消费。根据观看途径的不同，观众可以分为现场观众和媒体观众两种。现场观众在比赛现场观看比赛，他们一般通过购买门票获得竞赛表演产品的现场观赏权。媒体观众通过体育宣传媒体的直播或者录播去欣赏比赛。体育赛事的经营者非常重视现场观众的观赛体验。而随着媒体观众人数的规模日益庞大和赛事转播费用的逐年增加，媒体观众的地位已超越现场观众，赛事往往为了适应媒体的转播日程表和转播特点，赛事的时间和规则都会做出调整，而有时需要牺牲现场球迷的利益去迎合媒体的需要。观众消费者也可以分为个体观众和团体观众。体育场馆都有专门为团体观众精心设计的豪华包厢和会议室。团体观众往往会将比赛作为内部营销和业务招待的重要平台。尽管体育营销者获得来自观众的收入比例相对较小，但是观众的规模和满意决定了赞助和转播的价值，从而最终决定了赛事转播权和赞助的收入。因此，在所有的体育消费者中，观众是体育营销者最重要的资产。

（2）赞助商。

赞助商是指通过购买与体育赛事关联的权利和体育明星代言权从而提升其品牌形象、进而促进其产品销售的组织。从现有体育的收入构成来看，赞助商的支出已经成为体育领域重要的收入来源。例如，奥运会全球合作伙伴的赞助就是奥委会的主要经济支柱。通过体育赞助，赞助商可以达到提高企业知名度、树立企业形象，凸显品牌定位、增加销售、进行内部营销和满足领导者个人兴趣等目的。

（3）媒体。

为了提高其媒体的收视率，媒体购买体育赛事的转播权，是体育产品的组织消费者。

（4）体育参与者。

体育参与者是指参加各类体育健身训练的消费者。为了满足健身、提高运动技能、社会交往等需求，体育参与者可能参加各类体育课程，进行体育训练，并购买实物型体育产品。如参加篮球培训、购买体育装备、加入健身俱乐部、报名参加业余体育比赛等都是体育参与者的消费行为。

（二）体育消费者行为

体育消费者行为分析包括体育消费者总体模型和决策过程的分析。

1. 体育消费者总体模型

虽然现实中的体育消费者行为通常是复杂、无意识、杂乱无章和循环往复的，但是仍然可以从中找出一般性的规律。

我们每一个人都有一整套关于自身的看法，即一种自我概念或自我形象。同时，在资源约束下，我们每一个人试图以一种特定的方式进行生活。而消费者的自我概念与生活方式的形成受到内外两部分因素的影响。其中，内部因素主要指消费者个体的生理和心理的因素，包括知觉、学习、动机、情感、人格、个性、态度等因素；外部因素主要指消费者所处的外部环境，具体包括文化、亚文化、人口环境、社会阶层、参照群体、家庭及其营销活动等因素。消费者自我概念与生活方式会导致特定的体育需要与欲望的产生，这些需要与欲望大部分需要通过体育消费来获得满足。一旦消费者面临相应的情境，体育消费决策过程将被启动。这一过程以及随之而来的体育产品获取与体育消费体验会对消费者的内部特性和外部环境产生影响，从而最终引起其自我概念与生活方式的调整或变化。

2. 体育消费者决策过程

体育消费者决策是指消费者谨慎地评价体育产品、品牌或服务的属性，并进行理性选择的过程。体育消费者决策过程也是用最少的成本购买满足某一特定需要的体育产品的过程。体育消费者决策过程包括在体育消费中的问题认知、收集信息、评价备选方案、购买决策和购后评价五个阶段。

体育消费者决策过程因消费介入的程度不同而不同。体育消费者的购买介入程度由低到高变化时，其决策过程也随之完整化和复杂化。体育消费者的购买介入程度是指体育消费者对决策过程关心或感兴趣的程度。例如，买羽毛球往往是一种习惯性的购买，并不要求很多的决策介入，因此，体育消费者的决策往往会跳过搜寻信息和评价备选方案阶段。但是购买第一副羽毛球拍通常是一个很花时间的过程。又如，昂贵的俱乐部会费使会员资格的购买成为高介入的购买，体育消费的决策过程会变得更加复杂和完整。

（1）问题认知。

问题认知是体育消费者决策过程的第一阶段。体育消费者购买决策往往是为了解决其正面临的某些问题。例如，亚健康状态、体重超标、工作生活压力过大、空虚、缺乏成就感和归属感等。问题认知是体育消费者的理想状态与实际状态之间的差距达到一定程度并足以激发消费决策过程的结果。实际状态是指体育消费者对其当前的感受及处境的认知。理想状态是指体育消费者当前想达到的或理想的状态。这些理想和现实的差距常作为支配购买行为的问题而被认知。例如，一个消费者希望自己的体重符合标准，可现实是这位消费者的体重超标 10 千克，而且该消费者已经意识到超重可能让其面临各类潜在的健康问题，由此产生的担心和焦虑情绪会让该消费者认真思考并通过一定的体育锻炼来解决问题。

对于体育营销者而言，首先要了解目标消费者面临的问题是什么，其次要知道如何运用营销组合帮助消费者解决这些问题，最后要通过影响消费者的理想状态来激发消费者对各种消费问题的认知。

（2）收集信息。

体育消费者一旦认识某个问题后，就会试图解决这个问题，于是就会开始进行内部和外部信息搜寻。内部信息是指消费者自身的消费经验，是消费者获得的有关产品的直接经验；外部信息是指消费者之外信息源的信息。外部信息一般包括以下几类：①来自朋友、邻居、亲戚，甚至越来越多的互联网上的各类论坛和陌生球迷的口碑类体育信息；②从专业体育电视频道、报纸杂志及体育资讯网站所获得的公共体育信息；③借助体育营销者的广告、官网、产品展示和销售人员等呈现的商业性体育信息。不同的外部信息源对于体育消费者的可信度是不同的，口碑信息和公共体育信息的可信度要更高。因此，对于体育营销者来讲，需要特别重视公共关系。

体育消费者的信息搜寻需要花费时间、精力和金钱。信息搜寻的努力程度取决于购买的介入程度。比方说，对某项运动（如登山）有着很高介入的人总是倾向于收集与登山相关的产品信息，尽管他们并未对自己现有的登山用品有任何不满。这种搜寻活动如看登山杂志上的广告、逛户外用品商店、上户外用品网站或观察并与其他登山爱好者交谈。这些活动既让个体觉得乐趣无穷，又为其将来积累了不少可用的信息。

（3）评价备选方案。

信息搜寻之后，体育消费者会生成一些备选的体育产品或者品牌。购买评价是体育消费者对备选的体育产品或者品牌的一个或者多个属性带来的消费利益的比较。体育产品的一些属性和消费利益就是消费者的评价标准。如在决定购买俱乐部会籍前，体育消费者会关心价格、环境、服务、便利性等因素。这些因素就是体育消费者选择俱乐部的评价标准。不同评价标准的重要性是不同的，对一些对价格敏感的体育消费者来讲，价格是比较关键的；对另一些对价格不敏感的消费者，环境和便利性则更为重要。体育消费者在决策过程中会对每一标准赋予不同的权重，在综合考虑评价标准和各自权重后，会对各个备选方案产生一种判断和偏好。

对于体育营销者来讲，可以根据体育消费者评价标准的不同权重来细分市场。例如，高端的健身俱乐部可以定位在重视环境和服务的体育消费群，努力提供优质服务和消费体验；针对对价格敏感的消费群，健身俱乐部可加强成本管理，以获得价格折扣的空间。

在评价阶段，消费者会形成某种购买意向。但是仍然有两种因素会影响消费者是否会进入最终的购买决策阶段：第一个因素是其他人的态度。如果一个孩子想参加一个篮球培训课程，但其父母认为他应该将时间花在数学的学习上，结果这个孩子只能放弃这个篮球培训计划。第二个因素是未预期情况因素的影响。假定一个体育消费者决定观看一场球赛，突然被老板要求加班，那么他只好放弃观看球赛的打算。

（4）购买决策。

进入购买决策阶段，消费者往往要考虑到哪里买、怎样购买、什么时候买、谁去买等一系列的问题。其中，对于购买形式的选择是最重要的购买决策内容。除了传统的购物形式外，越来越多的消费者通过各种印刷媒介、电视、广播和互联网看到或者听到产品的介绍，并且通过电话、互联网和邮件来预订。赛事门票就可以通过售票窗口、电话和网络等多种形式订购。实物型体育产品零售商店的品牌、位置、规模、店内陈列、广告、降价与促销活动、购物程序、商店气氛和售货人员等因素都在消费者选择商店的过程中起着重要作用。

体育消费者完成交易，还需要支付货款以取得对产品的各项权利。在当今社会里，信用卡在消费者购买中占有非常重要的地位。在发达国家，信用卡的普及率很高，如果没有信用卡，许多交易就无法进行。而在中国等发展中国家，虽然信用卡的普及率也在逐年提高，但是现金交易仍然占据主流，这些国家的体育营销者需要为其消费者提供更多类型的支付方式。

（5）购后评价。

购后评价是体育消费者对购买某一体育产品所经历的过程进行总结。体育消费者可能对购买的各个方面进行评价，如信息的可获得性、价格、零售店服务、产品性能等。评价后体育消费者会得出满意程度不同的结果。体育消费者的满意感是对产品期望和消费者感知到的该产品实际效用之间的差额。如果产品实际效用符合期望，体育消费者就会满意；如果产品实际效用超过期望，体育消费者就会非常满意；如果产品实际效用低于期望，体育消费者则会不满意。体育消费者对产品的满意或不满意感会影响以后的购买行为。如果他们对产品满意的话，则在下一次购买中，他们将极可能继续采购该产品。而不满意的体育消费者可能出现以下反应：停止购买、通过寻求确定产品的高价值的信息来减少不和谐、向体育营销者提出抱怨、告诫相关个人或者群体，甚至提出法律申诉。如表 7-1 所示，给出了两类不同的体育消费者的决策过程示例。

表 7-1　体育消费者决策过程

决策过程	个体消费者	组织消费者
问题认知	体重超标带来潜在健康问题	品牌知名度不高会制约利润空间
收集信息	走访周边健身俱乐部、收集广告信息、咨询身边朋友	向体育经纪公司或者体育经纪人咨询
评价备选方案	评价、比较作为备选的两家健身俱乐部	权衡各类代言人和可以赞助的各类赛事
购买决策	前往健身俱乐部办理会员卡	签订代言合同和赞助合同
购后评价	是否和预期一致	品牌知名度目标的实现程度

第二节　影响体育消费者行为的因素分析

消费者行为学是研究个体、群体和组织为满足其需要而如何选择、获取、使用、处置产品与服务和对产品与服务的体验和想法以及由此对消费者和社会产生的影响的一门学科。传统意义上，消费者行为研究侧重于购买前和购买后的有关活动，上述关于消费者行为学的界定较传统观点更为宽泛。它将有助于引导我们从更宽广的视角审视体育消费者决策的间接影响以及对买卖双方产生的各种后果。

个体体育消费者购买行为会受到经济、文化、社会、个体因素和心理因素的影响很大。营销人员基本上无法控制这些因素，但他们必须考虑这些因素。

一、经济因素与体育消费者行为

（一）经济发展水平

经济发展水平和体育产业的发展有密切的关系。体育产业如职业体育俱乐部的发展往往要求投入大量的金钱来运转。同时，体育消费属于"软消费"，只有在经济发展水平较高的国家才会有相当的消费潜力，从而吸引大量的投资。当今世界上体育产业发达的国家，其经济发展水平均居前列，如美、英、意、德、西班牙等国。

（二）市场发育程度

体育产业的发展，需要其处于上下游的产业链条完善，相应的市场组织如市场中介组织、金融组织等发展水平相当。生产要素（如资金、人员等）的自由流动是具备充分生存能力的体育产品供给者的一个必要条件。

（三）产业政策

在市场化程度不高的国家，体育只是一种福利，其供给者主要是国家。产业政策一般也不允许社会资本的加入。而在市场化程度较高的国家，体育产业化水平也较高，其供给者主要存在于市场。在这种情况下，市场有较完善的产业政策与之配套。

（四）购买力

购买力即人们可用于购买行为的收入。研究购买力时要研究以下内容。

1．国民生产总值

国民生产总值指一个国家的国民一年内在国内、国外生产的最终产品（包括劳务）的市场价值总量。它表示一个国家的实力，是一国购买力的主要标志。

2．国民收入和人均国民收入

国民收入指一个国家在一年内各种生产要素新创造的价值的总和。一国国民收入除以国家总人口数为人均国民收入，它反映一个国家公民的富裕程度和购买力的大小。

3．个人消费基金

个人消费基金指一个国家在一年内分配给个人消费的基金，即从国民收入中除去用于扩大再生产、国防行政管理等后的费用。

4．个人收入

个人收入指个人的各种经济收入之和，如工资、奖金、利息等。

5．个人可处理的收入

个人可处理的收入指个人收入减去个人必须交纳的各种税款和其他支出后余下的收入。

6．个人可任意支配的收入

个人可任意支配的收入是指，从个人可处理的收入中减去维持基本生活所必需的支出的费用。这一指标是影响市场需求的最活跃因素。在体育经营中，由于体育需求在需求层次中处于较高层次，所以更要注重研究目标市场居民的个人可任意支配的收入。

7．收入的平均程度

倘若一个地区居民的平均收入不高，但贫富悬殊，那么在这个市场上，就不仅需要生活必需品，也需要奢侈品。

二、文化因素与体育消费者行为

文化因素在消费者行为中有着非常广泛、深刻的影响。为什么收入水平相同的两个人，他们的体育消费行为却不同？为什么经济发展水平相似的两个国家，它们的体育消费结构却相差很远？引入文化因素可以解释这些现象。

文化是一个社会内部的成员所共有的价值观和意义体系，是经过历史的积淀而形成的。每种文化都包含更小的亚文化。亚文化由具有共同生活经历和环境形成的具有共同价值观念的人群组成。处于相同亚文化的人群具有相似的体育消费行为。

文化是引发人们的愿望及行为的最根本原因，是人类欲望与行为最基本的决定因素，它对人们的消费行为会产生直接的影响。从短期来看，它是人们在成长的过程中从家庭、学校、社会等"机构"学习来的一套基本价值观。

文化是一种复合的整体，其中包括知识、信仰、伦理道德、艺术、法律、风俗以及作为社会成员所获取的其他能力和习惯。具体来说，构成文化的基本要素有语言、受教育程度、风俗习惯和审美观念、价值观念和态度等。

（一）语言

语言是人类社会所特有的现象，它是被用来表达、交流思想与感情的工具。语言来源于实践，是社会的一面镜子，能够反映出一个国家或地区的文化状况和当地人们的思想和价值观念，语言对于体育经济活动的开展具有重要的影响和意义。

（1）语言是体育经济活动的一个媒介。从事体育经济活动的组织和个人必须了解当地人的语言。然而，现实情况是他们往往不可能了解每个地区的语言，尤其是当组织和个人的体育经济活动在全球范围内进行时。一个常用的解决办法是，从事体育经济活动的组织利用当地的市场中介组织、聘用当地人作雇员来使自己的运作本土化。

（2）对目标市场的语言进行研究，可以得出对体育经济活动有用的信息。如一个国家或地区的语言有多种，则表明其民族种类较多、民族文化多样。

（3）语言还是产品的一个部分，它常出现在产品的品牌、包装、商标中。商标是一个商品品牌文化的体现，而品牌文化又会对消费者的消费价值观念起着重要的影响作用。如何给体育产品或职业队等起一个简洁、响亮、又能给消费者深刻印象的名字是非常重要的。

（二）受教育的程度

消费者的受教育程度对其消费价值观念起着重要的影响。首先，受教育程度较高的人往往容易接受新鲜事物，对于身体的健康水平较为重视，对一些较新的体育项目容易接受。其次，受教育程度较高的人往往收入处于较高的水平，对体育运动的消费也可能处于较高水平。

（三）风俗习惯和审美观念

一个国家或一个民族都有自己传统的体育运动项目，这些传统的体育运动项目的形成和这个国家或民族的审美观念有着紧密的联系。例如，英国是现代户外运动的发源地，高尔夫球、橄榄球、登山、攀岩、自行车等在英国有着广泛的群众基础。美国的冰球、棒球、篮球、橄榄球等运动开展广泛，运作体系成熟，拥有大量的体育消费者。

（四）价值观念和态度

不同国家和地区、不同民族的体育消费者，他们的价值观念和态度是不同的。价值观念和态度的不同会直接影响他们的消费行为和体育经济组织的营销活动如对变革的态度：美国人喜欢变革，对于新的体育项目很感兴趣；德国人和一些东方国家的人则特别注重传统，受到先前习惯的影响较大。

三、社会因素与体育消费者行为

消费者行为还受到社会因素的影响。社会因素指的是消费者周围的人对他所产生的影响，其中以参考群体、家庭以及角色地位最为重要。参考群体就是影响一个人态度、意见和价值观的所有团体，它分为两种：成员团体和理想团体。

在成员团体（自己身为成员之一）中，按照其中成员与消费者关系是否密切、接触是否频繁，又可分为主要成员团体和次要成员团体。主要成员团体包括家庭、亲朋好友、同学、同事、邻居等，他们对消费者的购买行为有直接的影响；次要成员团体包括社会团体、职业团体和某些组织，消费者是其中的一员，其对消费者的购买行为产生间接影响。理想团体是指自己虽非成员，但愿意归属的团体，如运动英雄、影视明星等，其对消费者行为有相当大的影响力。

参考群体所产生的影响表现在：影响消费者对产品的态度，对不同品牌、型号的选择，以及使其产生新的购买需求和行为。

这里需要注意几点：①一个消费者往往同时属于几个团体，在不同的团体中扮演着不同的角色。不同的团体对他都会产生影响，他作为不同团体中的一员，也会影响其他团体。②参考群体对消费者的购买行为影响程度的大小与消费产品类别有密切的关系。有些与社会交往关系密切的产品，如赛事表演、汽车、服装等，受参考群体的影响较大；有些产品则受参考群体的影响较小，而受收入或社会阶层的影响较大。

四、个体因素与体育消费者行为

购买者决策也受其个体因素的影响，特别是受个人身体特征、生命周期阶段、职业、经济环境、个性和自我概念的影响。

身高不高的体育消费者在体操和滑冰等以平衡为重要身体条件的运动中占优势，因而乐于参与这类运动。而具有身高优势的消费者更乐于参与篮球运动。年轻人喜欢竞争激烈的运动项目，而老年人则更倾向于选择太极拳这样舒缓的运动。不同的经济条件决定了体育消费者用于体育消费的支出预算，蓝领职业的体育消费者可能更乐于观看比赛而不是参与运动。一个自信、开朗和积极的人比忧虑、保守和谦卑的人更有可能参与各种体育活动。而自我依存的人比群体依赖的人更有可能参加个人体育项目。

五、心理因素与体育消费者行为

个人消费既要受社会的经济环境、水平等各方面因素的影响，同时也受个人支付能力、文化素质、心理因素、风俗习惯和地理环境等诸多因素的影响。在研究个人消费及其对经济活动的影响时，消费者的心理因素是最难确定、最难把握的因素。

消费心理是指消费者在购买行为全过程中发生的一系列心理活动，它是消费者对客观消费对象与其自身主观消费需求的综合反应。心理学家按照它发生的先后将其概括为认识过程（感觉、知觉、记忆、思维、想象）、情感过程和意志过程三个方面。

消费者在购买商品过程中的心理现象，是以种种特殊的形式和规律表现出来的，从而形成了各种类型的消费心理，如求名、求好、求准、求新、求美、求廉、求实、求乐、求知、求快、求鲜、求全、求逸、求特、求便、求近、社交、保健、从众、好胜、逆反、怀旧、比较、好奇等心理。消费者的心理因素与市场的变化有直接的关系，它对企业生产经营活动的影响作用是多方面的。

消费行为是消费主体出于延续和发展自身的目的，有意识地消耗物质资料和非物质资料的能动行为，它与人类的产生相伴而来，是人类赖以生存和发展的，一种最古老的社会活动和社会行为，是社会进步与发展的基本前提。

第三节　体制转型时期的体育消费者行为研究

一、体制转型下的环境分析

（一）宏观环境

中国国家统计局发布的数据显示，2021 年我国国内生产总值为已超过114 万亿元人民币，比上年增长 8.1%，人均 GDP 达到 8.1 万元，全国居民恩格尔系数为 29.8%，人民的生活全面达到小康水平。

（1）社会生产力得到解放和发展，各种消费品也极大丰富，这些为人们生活方式的变迁提供了坚实的物质基础，并在一定程度上塑造了人们的消费欲望与生活方式偏好。

（2）城市化进程的加快以及城乡之间人口流动的加速在一定程度上打破了城乡二元分隔的格局，这使得城市的生活方式扩散到农村。

（3）从 20 世纪末开始实行的社会福利和保障制度的改革，打破了以往计划体制下国家所给予的福利性补贴（主要是针对城镇居民）的状态，使个人承担起社会福利和保障的责任。因此，人们在经济和消费方面逐步走向了一个更加长期化和理性化的阶段。

（4）在体制转型时期，我国的宏观政策与计划经济时期相比较，有了新的变化。

①财政政策。在传统的计划经济体制下，我国财政体制是"统收统支"。中央财政集中全社会大部分收入，然后统一分配、统一支出。但是，随着经济发展的复杂化和经济利益多元化，原有财政体制已经越来越不适应经济发展的要求。因此，从改革开放开始，我国的财政体制经历了深刻的变革。现在的财政政策相比原来有两个优点：一是强化市场对资源的配置，减少税收对经济的干预，提高资源配置的效率；二是促进公平税收、合理负担、平等竞争。

②货币政策。1998 年以前，我国坚持适度从紧的货币政策，适当增加货币供应量，保持国际收支平衡和人民币汇率稳定，防范金融风险。1998年下半年起，我国实施了适度宽松的货币政策。经过了三年的努力，我国的国民经济终于实现了"软着陆"。

③金融体制改革。我国的金融体制改革正在进行。改革的目标为：完善现行的中央银行体系，赋予央行相对独立的地位；加快专业银行的商业化改革步伐；加强金融市场的培育和发展；健全宏观调控手段，培育一套富有弹性、灵活有效的金融调控机制。加强金融立法，强化金融执法，使金融调控走向规范化、程序化和法制化轨道。

（二）微观环境

与经济转型相伴随的是社会结构领域的种种变迁，职业多元化、技能的专业化和大众传播手段的繁荣，使中国社会从比较单一的社会向多元化的社会发展，人们行为方式与价值观念有了很大的变化，传统与现代的行为方式与价值观念同时并存。特别要指出的是，媒体在影响甚至塑造人的行为与态度方面扮演着越来越重要的角色。媒体是人们获取信息的重要来源，是影响人们决策特别是与生活方式相关决策的重要决定因素。2021 年，我国中等收入群体占全部人口的比重为 27.9%，目前这一群体正在逐步壮大。

随着社会主义市场经济发展，由于对资源配置由计划主导变为市场主导，城镇居民的消费储蓄行为也由政府部门的集中决策转变为居民的自主分散决策。居民收入的增长和多元化以及分配方式的多样化，导致居民的收入分配差距扩大，从而也影响到居民的消费支出行为。消费市场的形成，使消费者进行消费时选择的自由度增大。金融市场的发展和居民消费储蓄的增加，使居民超前消费也变成了可能。农村的情况和城镇有所不同，虽然农村居民的消费选择范围和自主性比以前均有扩大，但由于户籍制度没有根本变革，农业人口流动和择业仍受制约，所以消费行为仍受到较大限制。

二、体制转型时期的体育消费者行为特征

（一）体育消费者收集信息的方法

体育消费者在制定体育消费决策的过程中，很重要的一个步骤就是收集各种信息。信息收集的途径有内部和外部两种。内部信息收集是对记忆中原有的信息进行回忆的过程。如果内部收集没有产生足够的信息，消费者就会通过外部的收集来得到相关的信息。消费者外部信息来源主要包括个人来源（家庭、朋友、同事等）、商业来源（广告、推销商、展览等）和公共来源（大众媒体、球迷组织、项目协会等）。

在体制转型时期，体育消费者主要通过大众媒体来获取所要购买的体育赛事服务信息。这是由于大众媒体和体育赛事之间具有紧密的利益关系，媒体借助体育赛事的魅力吸引受众的注意力，以此来传播广告信息并获取广告费，赛事通过媒体把体育信息传播给消费者和潜在消费者。另外，在体制转型时期，媒体加大了对体育的宣传和报道，而且媒体的数量（如报纸）比以前大大增加，体育信息的来源也随之大大增加。

（二）体育消费者对服务的风险知觉

体育消费者在购买任何商品时，都会对商品的风险做出一定程度的预计。这种风险可以分为价格风险和功能风险。而体育服务产品由于其具有服务产品的一般特性——服务产品的不可感知性和品质差异性，从而会导致消费者感受到相对较大的风险。对于一场比赛来说，它有两个"质量"：一是服务提供方（明星队员、球队、裁判、赛场环境、气氛和相关服务提供方等）所提供的质量，另一个是体育消费者所感知的体育服务质量。而影响消费者所感知的质量的高低不仅要受到比赛质量的影响，还要受到体

育消费者对体育服务产品的期望的影响。

在体制转型时期，如何理顺俱乐部与国家的关系以充分调动俱乐部的经营积极性，如何健全项目联盟的游戏规则，约束、监督比赛服务提供者的行为，不仅关系到各俱乐部的发展和所提供比赛的质量，也会直接影响到体育消费的风险，从而影响消费者行为。

（三）体育消费者的品牌忠诚度

由于体育消费具有较大的风险，因而消费者对品牌有较高的忠诚度。例如，对于一位球迷来说，如果没有别人特别推荐、介绍或他所热爱的球队出现重大问题导致比赛质量水平严重下降，他一般不会改变自己关注的球队。

对服务业来说，鼓励已有的消费者保持品牌忠诚是可能的，但创造新的消费者就比较难。服务业吸引新的消费者比较典型的做法是服务提供者以明显区别于竞争对手的特点来吸引观众。例如，唐纳德·斯特林（Donald Sterling）于1981年收购了圣地亚哥快船队后，经过研究，他决定将球队搬到洛杉矶去。当时，大多数人不同意他的决定，因为那里已经有大名鼎鼎的湖人队，快船队到那里很可能经营惨淡。1984年快船队移师洛杉矶，还和湖人队共用一个主场——斯台普斯体育馆。如日中天的湖人队，观众几乎是场场爆满，并常有好莱坞明星和社会知名人士到场观战。湖人队的平均门票价格为71美元，是NBA最贵的。针对此种情况，快船队把门票定价为40美元左右，吸引了大量球迷，使上座率达到了90%左右。事实证明，斯特林的门票低收入盈利战略是成功的。著名的《福布斯》则称斯特林的经营策略为"赠票战略"。

另外，俱乐部还可以通过会员制的方法来吸引新的消费者。会员制可以使体育消费者获得某些"特权"，如优惠购票、接近球队队员等，从而增强体育消费者的品牌忠诚度。

（四）对服务质量的评估

服务质量的评估常在服务传递的过程中进行。在服务过程中，体育消费者要经常与服务人员接触。消费者对服务质量的满意度可以定义为：对接受的服务的感知与对服务的期望的比较值，即：

体育消费者服务满意度=感知服务质量-期望服务质量

当期望与感知一致时，消费者就处于满意状态；消费者对所提供的服务不满意，则意味着服务失败。一般来说，体育服务产品失败的原因有以下几方面，如赛事质量低下、场馆环境不好、宣传产生的观众期望水平过高和其他意外事件（如"黑哨"）等。

三、我国居民体育消费的现状及发展趋势

（一）当前体育消费出现的新状况

1．电子竞技成为当今潮流

电子竞技的发展既是互联网普及带来的结果，也是广大网民的内在需求。电子竞技主要通过线上选择项目、线上参与赛事的形式消费。电子竞技在传播以及内外沟通诸多方面，具有不可替代的优势。

（1）竞技规模扩大。统计数据表明，2018年全球电子竞技观众人数达3.95亿人。2021年中国电子竞技游戏用户规模达到大约5亿人，用户规模较大。

（2）渴望优质便捷的服务享受。互联网技术的普及与提高，极大地方便了广大网民尤其是青年一代参与体育的热情。电子竞技通过小小的屏幕，互联千万家，足不出户就产生了巨大的经济效益，也带给人贵宾般的享受。

2．体育消费全球化趋势明显

体育消费全球化趋势既是扩展规模、追求利益的需要，也是国际市场环境相互影响的结果。科技的不断进步，国家经济实力的不断提升，新兴经济体的出现，势必会加剧国家与地区之间对体育消费的竞争。

（1）对奥运会及其他国际赛事举办权的竞争。它既是国家实力的象征，也是发展经济、调整产业结构的加油站，必然面临着无限的商机和挑战。

（2）对于品牌的争夺。品牌是企业的王牌，没有品牌的企业是很难长期发展下去的。放眼世界，耐克、阿迪达斯、乔丹品牌长盛不衰，一直是业界的霸主，抢占了大部分的体育消费市场，而我国知名品牌甚少，尤其缺少拳头产品，在与世界巨头的比拼中处于劣势，这一势头，必须改变。

（3）对于体育精英和知名企业的争夺，或者说，是对人才与资源的争夺。如，美国的NBA职业篮球誉满全球，但每一名篮球运动员都是价值不菲，当然这些运动员也不负众望，给球队带来了巨大的经济利益，让俱乐部声名鹊起。知名企业也是如此，谁更有实力，谁能创造更大的价值，就会成为集团资本手中的金饭碗，也更容易成为企业投资的热点。

3. 体育消费呈现阶梯性

随着体育市场的不断发展，体育消费呈现阶梯性，高收入群体更加强调消费的标识性，强调体育消费的社交价值；中等收入群体注重消费的休闲娱乐；低收入群体则更加看中消费的实用价值，强调体育消费的强身健体功能。

（二）当前体育消费存在的问题

1. 体育消费缺乏持久性

赛事一来，赛事举办方以及政府大建体育场馆及相应配套设施，体育消费也炙手可热；赛事一过，冷冷清清。场馆闲置或者拆除，平台也成了摆设、造成资源浪费，大量工作人员和志愿者改行，体育消费锐减。因此，要彻底改变为比赛而比赛的观念，充分挖掘体育消费的内外潜力，力求消费的可持续性。

2. 体育赛事联动少，不能做到内引外联，没有形成轰动效应

一个赛事的影响力，需要包括政府企业以及不同行业之间的相互配合与密切协同，需要有大数据的支撑，尤其需要赛事经纪人的推广参与，形成自上而下的合力，才会让这块蛋糕做大。2012 年，美国体育产业总值为 4 350 亿美元，占 GDP 的 2.59%，而中国体育产业规模只是美国的 1/10，若论人均，仅为美国的 1/40。这与我们对赛事运作的不成熟有关，准确地说，是力度不够大，联合联动困难，也就无法做大做强。

3. 传统体育项目没落，甚至渐渐失传，缺少群众基础

竞技体育是当今社会的主流，不可否认，它给参与者带来了巨大的利益和服务享受。但我国面积广大，尤其是少数民族众多，有充足的体育挖掘潜力，有些传统体育项目群众喜闻乐见、积极性高，但是城镇化布局改变了群众的生活环境，有些传统体育项目渐渐没落，这不能不说是体育事业的一大损失。

4. 缺少有影响力的赛事品牌

体育事业有影响力的赛事品牌能带动整个行业消费。例如美国的 NBA，全美体育消费都或多或少与它有联系，它织就了一张巨大的体育消费网络，时至今日，仍然无人能撼动它在美国体育行业的领袖地位。我国也要着力打造自身有影响力的赛事品牌。

（三）体育消费未来走向

体育的功能一方面是强身健体，另一方面是人格的塑造和心理的健康。体育消费要围绕人的需求展开，体育消费决定市场需求，市场需求又进一步影响着体育产业。

1．以开放的理念促消费，用合作和发展的眼光看问题

要时刻瞄准体育消费前沿，加大投入，合作共赢。早在 2017 年天津全运会举办"开放办赛"，倡导全民全运，围绕"大健康"主题，允许华人华侨参赛，允许跨省组队，业余选手和专业选手可以同台竞技等，从预赛到决赛全运会共有百万群众参与其中。借此开放办赛契机，2017 年全国共举办马拉松赛事 1102 场，涉及到 234 个城市，参赛人次近 500 万。通过体育赛事辐射全局，加快了不同行业之间的融合，推动了赛事的发展，促进了体育消费的飞速发展。

2．加快形成复合型企业结构

发达国家体育产业普遍是一个复合型结构，既包括物质产品的生产和经营，也包括与体育相关的服务产品的生产和经营。我们应当始终围绕体育消费做文章，不断优化企业结构，更新消费观念，加快形成浓厚的体育消费的文化氛围。政策的倾斜，势必会带来经济结构、消费结构和对体育消费的重新认知，体育产业必定不断壮大，逐渐成为我国经济的支柱产业。

3．追求生活品质与审美体验

互联网经济的高速发展，让体育产业也成为新宠。体育更趋向成为象征符号与文化的载体，大量的虚拟体育赛事和体育竞技游戏是青少年的最爱。网络游戏减少了不必要的繁复环节，就是带给人更多的享受和审美体验，足不出户，便可享受到体育带给人的欢乐。

4．差异化的市场竞争策略，创造商机

第一，立足全局，制定分层战略。对于不同层次的消费群体，制定对口的应对措施，并时刻关注形势的发展。第二，抓好龙头产业，重点推进。龙头带动全局，时刻不能懈怠，以点带面，力求使体育消费全面开花。第三，找准突破口，扩大战果，把握时机，有序推进。

5．做大做强特色体育，因势利导，抢占国内市场

我国作为一个多民族国家，少数民族体育素材丰富，但长期缺乏开发

与整理。不同的民族有着不同的体育体验，我们应充分挖掘国内体育市场的潜力。第一，成立专门研究体育消费的团队。调查、钻研消费人群动态，探究消费者的消费行为、影响因素等，时时监控，为市场消费提供可靠的数据支撑。企业根据相应的数据，对症下药，体育消费便捷而高效。第二，鼓励民营资本参与体育赛事和运营。第三，简政放权，大力培育和扶持体育企业或集团发展。政府鼓励企业与社团放开手脚，增强竞争力。

6. 创新驱动，持续发力

要不断推出新模式、新思路、新方法。体育作为一种文化和产业，不能吃老本，也不能急功近利，才会稳步推进。第一，只有创新才会吸引眼球，比如可以尝试发展"体育+旅游"、"体育+演出"、"体育+休闲"、"体育+展览"、"体育+探险"等；再比如体育平台和赛事举办方可以采取让利给网民和观众的形式，给参与赛事者颁发奖金、奖章，借此刺激体育消费。第二，严厉打击侵权仿冒行为，维护正常市场秩序。监管部门对违规违纪的恶劣行径，必须全力打击，不留余地。那些对知名品牌仿制甚至是盗用的行为，应当出重拳，尤其是我国在体育消费处于劣势情况下，更需要政府作为坚强的后盾。

综上，国家经济的高速发展，需要不断地调整经济结构，需要政府企业和各行业的密切协同。体育产业要想成为我国的支柱型产业，必须做大做强体育经济，而我国体育经济要想赶超世界跻身前列，就必须悉心研判影响体育经济发展的内外因素，把准脉搏并坚定地执行。只有如此，我国的体育经济才会沿着预定的轨道前进，并在与国际体育巨头的博弈中稳操胜券。

第八章 体育赛事的经济影响分析

第一节 体育赛事的经济环境影响因素

一般意义上而言，体育赛事承办地应当是一个政治和社会经济稳定、经济实力雄厚、足以承受比赛的消耗以及能保证人们有一定的市场需求能力、社会文化健康向上、有足够的专业人才来筹备、策划和运作的区域。其中，经济环境是市场经济条件下体育赛事赖以生存的最基本因素之一，其主要包括社会经济结构和经济发展水平等。

一、社会经济结构

社会经济结构是指国民经济中不同的经济成分、不同的产业部门及社会再生产各方面在组成国民经济整体时相互的适应性、量的比例以及排列关联的状况。

在社会经济结构中，主要包括 5 个方面的内容，即产业结构、分配结构、交换结构、消费结构和技术结构。其中的产业结构，无论对体育赛事而言，还是对居民的消费结构而言，都是非常重要的方面。产业结构是指各产业的构成及各产业之间的联系和比例关系。各产业部门的构成及相互之间的联系、比例关系不尽相同，对经济增长的贡献大小也不同。消费结构是指在一定的社会经济条件下，居民在消费过程中所消费的各种不同类型的消费资料（包括劳务）的比例关系。体育赛事作为体育产业的重要组成部分，属于第三产业的后发展产业，是随着社会经济的发展、人们整体的消费结构类型从"温饱型"向"小康型"、"富裕型"转变的过程中自然凸现出来的。只有当居民的可支配收入已经达到了足以支持体育消费有效需求规模水平的时候，体育赛事行业的消费市场才能形成。例如，上海作为国家经济发展的龙头老大，正朝着成为国际经济、金融、贸易和航运中心的方向发展，这为体育产业的发展提供了良好的外部环境。近年来，上海市持续引进了不同项目的国际大型体育赛事，并均取得了良好的社会效益和经济效益。

二、经济发展永平

经济发展水平既包括政府机构的财政状况，也包括当地的整体经济发展水平和人们的消费能力等。体育赛事的承办需要巨额的成本投入。当前，在我国举办的大型体育赛事大多离不开政府的财政支持，举办地政府的财政状况直接关系到赛事的申办及举办。据相关资料显示，上海市为提升城市形象，打造 F1 赛事品牌，2004 年至 2013 年 F1 中国站的投资总成本超过 60 亿元人民币。据不完全统计，2008 年北京奥运会的政府投入为数百亿美元，其中不仅包括奥运会的举办费用，还包括体育场馆修建与修缮费用以及道路、机场、地铁等交通设施建设费用、电话电视转播等通讯设施费用、水电热气等市政设施费用，还有控污绿化等环保费用等。赛事比赛地整体经济发展水平越高，人们的消费能力越强，对体育赛事的成功举办就越有利，一方面，体育赛事的举办牵涉到举办地方方面面的机构与部门，尤其是举办地的体育、文化、广告、传媒、中介、保险、金融等第三产业部门；另一方面，人们的消费能力与门票的销售量之间存在一定的相关性，居民的可支配收入越高，则门票的销售前景越乐观。

第二节　体育赛事对关联产业的经济影响

体育赛事是体育赛事产业的重要组成部分，从产业经济学角度我们可以将其定义为：以赛事组委会为生产者，以运动员、教练员、裁判员等劳动和各类运动设备等资本为投入品，生产可供人们观赏的各类人体运动的动作组合产品及其衍生产品的一种有组织、有目的生产活动。因此，当我们讨论体育赛事对关联产业的经济影响时，明确体育赛事产品的供给者和消费主体，并进一步构建体育赛事产业与其关联产业部门的概念模型是首先要研究的问题。

一、体育赛事产业的投入品和消费主体

（一）体育赛事产业的投入品

任何产品的生产均需要一定的投入品，如生产服装需要厂房、缝纫机、布料、劳动力等。体育赛事投入品指的是体育赛事生产过程中所使用的商品和劳务，包括直接投入品和间接投入品。直接投入品是指直接与举办体

育赛事有关的必须投入，属于硬性投入；间接投入品是指不举办体育赛事也需要、但为了保证体育赛事的成功举办需提前投入的资源，属于非硬性投入。经济学家萨缪尔森（PaulA.Samuelson）将投入品划分成土地（自然资源）、劳动和资本等三大基本范畴。在体育赛事产业中，土地资源可视作间接投入品，在此不予以讨论，我们主要讨论大型体育赛事产业的直接投入品。从体育赛事的定义可知，这里的劳动指的是运动员、教练员、裁判员的劳动，以及从事安保、交通、餐饮、医务、运输等大量的赛事后勤人员的劳动等，这里的资本主要指的是体育场馆、设备、用品等物质资本。

（二）体育赛事产品的消费主体

从体育赛事的定义可知，体育赛事的基础性产品是各类人体运动的动作组合产品，即竞赛表演，其衍生产品包括广告权（包括球队冠名权、赛事冠杯权、赛事场地广告牌使用权、队服不同部位的广告使用权等）、符号特许经营权（包括会徽、队徽、吉祥物、明星肖像权等）、转播权（全球、全国、地方比赛实况的电视包括网络直播节目）等。其消费主体主要有两大类：第一类是观赏性消费的社会居民；第二类是将体育赛事服务产品和无形资产作为生产、营销活动投入品的各类企业。前者的消费方式主要表现在人们通过支付门票费用直接现场观看比赛和通过支付有线电视费用间接观看比赛；后者则是一些生产企业通过买断或部分买断竞技运动观赏服务产品以及衍生出的各类无形资产的特许经营权，并作为其再生产投入品支出的消费。

1. 居民消费群体

生活消费是指人们把生产出来的生活资料或消费品用于满足生活需要的行为和过程。生活消费品包括物质消费品、精神文化消费品和劳务消费品，而大型体育赛事服务提供的各类可供观赏的动作组合服务产品（即各类具有观赏价值的精彩体育比赛或表演等），作为精神文化消费品给社会居民带来了特殊的生活消费，社会居民通过购买门票消费获得观赏大型体育赛事服务提供的各类可供观赏的动作组合服务产品以满足其娱乐需要。

2. 媒体业

媒体业是将社会各类事物进行传播服务的行业。为了获得最大利润，媒体总是最大限度地寻求收视率高的载体（传播内容），以获取更多的广告收入，实现高效率的再生产。在现代社会里，体育与社会的关系日益密切，但人们不可能都亲临赛场观看比赛，越来越多的人更愿意待在家里收看体育比赛的转播。因此，大型体育赛事服务提供的各类高规格的可供观赏的人体动作组合服务产品（即各类精彩的体育赛事、表演等）具有相当高的收视率，竞技赛事尤其是大型赛事，已成为各家媒体不惜重金竞争转播专有权的对象。随着经济的增长以及媒体传播技术的进步，竞技运动观赏服务产品作为媒体业的再生产投入品的"载体"价值得到了快速提升。

3．博彩业

博彩业是满足人们博弈心理需要的服务性产业部门。在其提供服务性产品的同时也需要投入品，如可以用转盘机、扑克等作为投入品，也可以将竞技赛事作为投入品（竞猜类博彩）。相对而言，将竞技赛事作为投入品能产生较大利益，故欧美有些发达国家的博彩业从不放弃任何一项大型赛事，常常支付巨额费用将竞技赛事作为其再生产的投入品。

4．其他各类企业

树立企业形象、提升企业产品的知名度、扩大市场份额是任何一个企业发展的重要环节。由于大型体育赛事服务具有社会影响大的特点，许多企业都通过向体育赛事提供货币、物资、服务等支持，获取广告权，以及通过支付货币获得使用赛事符号权，以达到加强与目标受众之间的沟通，提高企业品牌的知名度、美誉度，以及提高顾客对企业品牌的忠诚度等目的。如 1996 年亚特兰大奥运会组委会与美国奥委会共同制定了赞助计划，根据这一计划，组委会得到了可口可乐、柯达、IBM 等公司提供的 5.374 亿美元的赞助。1994 年世界杯足球赛，有 11 家世界著名厂家提供赞助，其中 7 个厂家每家出资 3 000 万美元，换取 4 块场地广告牌，另外 4 个厂家每家出资 2 000 万美元，换取 2 块场地广告牌。

二、体育赛事产业与其前后关联产业部门的概念模型

依据产业关联理论，建筑业（生产各类运动场馆池）、机械制造业（生产各类运动设备、仪器等）、运动用品加工业（生产各类球、球拍等）、俱乐部和单项协会（培养运动员、教练员和裁判员等）、服务业（提供安保、交通、餐饮、医务、运输等大量的赛事后勤人员）等为体育赛事产业的生产提供投入品，这些产业部门是体育赛事产业的后向关联产业；而体育赛事产品及其无形资产需求主体的产业部门则是体育赛事产业的前向关联产业，如媒体业、博彩业以及其他产业部门，相互之间形成一连串不均衡的

连锁过程，由此可得到体育赛事产业与这两类产业部门的关联的概念模型，如图 8-1 所示。

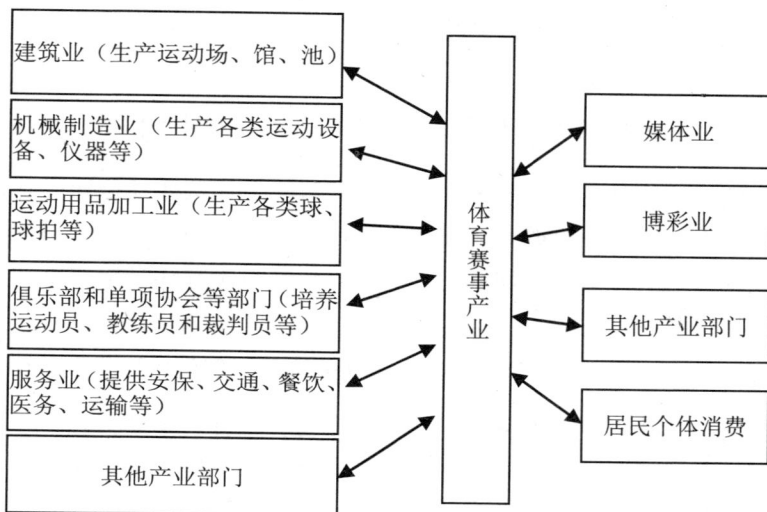

图 8-1　体育赛事产业与前、后向关联产业部门的结构关联概念模型图

三、体育赛事产业与其关联产业部门间的传导机制

（一）体育赛事产业与其关联产业部门的内部传导机制

由于体育赛事产业部门与其前、后产业关联部门存在联动，产业间生产能力的配置必然与其需求结构相对应，并适应需求结构的变动。

例如，当传媒业、博彩业以及其他产业部门对体育赛事产品及其无形资产需求增加时，便释放出强烈的需求信号，体育赛事产业部门针对这样的需求信号就会主动配置生产要素，提高生产能力，以调整供给结构，满足需求结构的变动。在此情况下，体育赛事产业部门会产生扩大生产规模和提高生产能力的需要，由此则又会引发对体育赛事产业后向关联产业部门的产品，如运动设备、体育用品等产品，以及其他生产要素的需求变动，继而促使这些产业部门增加各类生产要素的资源配置，以适应体育赛事产业需求扩张的需要。这种需求结构变动所形成的产业链传导机制，给出了体育赛事产业与其关联产业部门正向变动的基本轮廓。当然，在实现上述正向传导变动的同时，媒体业和博彩业等产业部门对体育赛事产业的作用还体现在扩大社会影响力、提高体育赛事产品的无形资产的价值等方面。

综上所述，从体育赛事产业与其关联产业部门的结构变动来说，体育赛事产业总量的增加，取决于其前向关联产业需求的增加，而体育赛事产业的总量增加又会有效地刺激其后向关联产业的总量扩张，它们之间的关联变动形成了一个链式反应系统，这种产业间连锁反应构成了结构关联的传导机制。

（二）外部变量影响下体育赛事产业与其关联产业部门的传导机制

上面的讨论是将体育赛事产业与其关联产业结构变动传导机制置于某种恒定的大环境里进行的，然而在现实中，他们之间的结构变动是不可能摆脱外在变量的影响的。因此，我们要分析在若干外在主导变量存在时的结构变动机制。

1. 经济全球化对体育赛事产业与其关联产业部门传导机制的影响

经济全球化是世界经济发展的主流态势，是社会生产力和生产关系不断发展变革以及科技进步的必然趋势和客观反映。经济全球化影响世界上每一个国家和地区，其冲击力和渗透力是无法阻挡和回避的，尤其是在社会经济发展方面。经济全球化是一个过程，旨在借助于全球范围内生产要素的自由流动和优化配置，使各国、各地区相互融合成整体市场。世界贸易组织的建立，更是推动了全球统一市场的形成，从而保证全球市场经济的公平竞争，推动跨国公司的全球化，促进全球生产力的大发展。经济全球化有利于促进体育赛事产业与其关联产业部门间的传导效应的实现，主要体现在以下几个方面。

第一，经济全球化促进资源在全球范围内的合理配置，使各类生产要素的配置随世界市场需求结构的变动而变动。经济全球化使得体育赛事产品的投入品和消费主体均可能来自国际市场，如体育赛事产业对运动员、教练员、裁判员等人力资源的需求将不受本国人力市场不足的束缚，从而使得体育赛事产业能够在国际市场范围内与其前、后向关联产业发生联系，有利于传导效应的实现。

第二，经济全球化为跨国公司全球化发展提供了保障。跨国公司通过实施全球化的经营战略培育世界名牌、开拓国际市场，体育赛事正是迎合了跨国公司的这种需要。国际上一些著名的跨国公司通过出巨资购买体育赛事产品实施产品经营，以实现全球化经营战略，如阿迪达斯、百威啤酒、飞利浦、麦当劳、东芝等。又如，富士胶卷获得1984年洛杉矶奥运会指定彩色胶片的专用权，富士胶卷在全球范围内销量大增。当然，在跨国公司利用体育赛事为平台、推动其全球化发展的同时，跨国公司也反过来提升体育赛事在世界范围的影响力，进一步提高体育赛事产品的价值。

第三，贸易全球化是经济全球化的重要表现形式。通过贸易全球化，各国充分发挥本国的比较优势，以最有利的条件生产，在最有利的市场销售。这种态势促使生产要素价格的降低，从而促使体育赛事服务与其前、后关联产业部门的生产要素价格的下降。

2. 人均收入水平对体育赛事产业与关联产业部门传导机制的影响

资料显示，人均收入水平与体育产品消费之间存在正相关关系并产生三种明显的效应：第一，随着体育产品消费总量的增加，人们体育消费观念的偏好通过人与人的社会互动产生扩散效应，从而提高体育赛事产业的社会影响力，并使体育产品及其无形资产的价值不断提高；第二，随着体育赛事产业的资本存量使用效率的提高和投资增量的扩张，必将造成体育赛事产业后向关联产业产品需求的扩张，使这些产业部门的产业规模、水平和质量得到提高；第三，随着产品品质和社会影响力的不断提高，体育产品及其无形资产作为再生产投入品的比较利益大幅提高，客观上会刺激体育赛事产业前向关联产业对体育产品及其无形资产的需求扩张，从而形成产业间结构关联效应放大的结果。与此同时，体育赛事产业前向关联产业还将反向加速人们的体育消费观念和偏好扩散，并且对体育无形资产的价值提升起到重要影响。

3. 制度变量对体育赛事产业与其关联产业部门传导机制的影响

当体育赛事产业发展的制度安排从计划分配资源状态向市场分配资源转换时，市场这只"看不见的手"的作用会逐渐加强，各类资源的配置会随着需求结构的变动而有弹性地变动，体育市场则逐渐在接近完全竞争市场的状态下形成进入与退出机制，使体育赛事产业资源结构趋于合理化，并在制度保证的前提下，使体育赛事产业与其关联产业部门之间的正向传导机制得以实现。

若在制度安排方面，由计划体制主导资源配置，体育赛事产业部门的发展将会受到不利影响。具体表现在以下几个方面。

第一，体育赛事产业资源配置结构的畸形。当制度安排具有浓重的计划成分时，体育产业的各类要素供给并不会完全按需求结构的变动而变动，对市场需求信号反应迟钝，结构关联弹性僵化，最终导致体育赛事产业生产能力不能得到有效扩张，无法有效地实现链式传导功能。

第二，强化政府对体育赛事产业发展的干预，容易导致寻租行为。政府主导型的安排，在体育市场中政府便成为事实上的参与者，它通过制度安排中所拥有的特权（如大型赛事的特许权等）进行寻租（所谓寻租指的是直接的非生产性寻利活动）。这种寻租行为将直接导致体育赛事产业生产部门的产品边际成本提高，继而抬高体育赛事产品的价格，直接降低体育赛事产品的社会需求量，由此对体育产品的社会影响力产生负面影响，最终导致体育赛事产业与其关联产业的联动效应减弱，影响产业间结构关联效应的放大。

第三，强化体育市场的垄断行为，限制社会资源的转移性流动。当体育市场的制度安排具有浓重的政府主导型成分时，极易造成完全垄断的市场结构，增加体育赛事产业进入、退出市场的障碍，限制社会资源的自由流动和转移，最终导致体育赛事产业与其关联产业结构变动的"滞后效应"，使产业的结构关联传导效应降低。

制度变量尽管不是直接生产性的要素，但其在体育赛事产业发展过程中具有不可低估的作用。如何将制度要素（看得见的手）与市场机制（看不见的手）有效结合，促使体育赛事产业与其关联产业部门的链式传导机制的真正形成，则是一项重要的研究工作。

以上仅选择了三个外部变量来讨论它们对体育赛事产业与其关联产业部门的结构关联变动的影响，事实上，还有很多外部变量会对产业间这种变动起作用。

第三节　体育赛事对赛事生产地经济发展的影响

自 1984 年洛杉矶奥运会成功举办后，世界上很多城市都在积极争取大型体育赛事的主办权，人们意识到举办体育赛事不仅可以促进体育事业发展，同时也可以促进举办城市经济、社会、文化、旅游等方面的发展。当前，世界上涌现出许多因体育而闻名的城市，如持续荣获"国际最佳体育城市"称号的澳大利亚墨尔本、拳击爱好者心目中的拳击"圣城"美国拉斯维加斯、因足球而闻名于世的英国曼彻斯特、西班牙巴塞罗那、中国上海等。其中，体育赛事对城市经济发展的影响尤为重要，由此所衍生出的体育赛事经济也成为人们关注的热点。

一、体育赛事对城市经济综合实力的影响

综合实力是衡量一个城市发展的重要指标，它不仅反映城市的经济实力、对外开放程度和居民生活水平，同时也反映城市人均收入和外来投资等情况。体育赛事对举办城市 GDP 的提高和投资总额的增加，有显而易见的效果。

在赛事筹办期，赛事组委会、举办城市政府、赞助商等会在这个时期投入大量的资金来运营这场赛事，而投入资金的多少和范围是由赛事的规模和影响力等因素决定的，特别表现在城市基础设施（体育场馆设施、交通、通信等）的建设上。每当大型体育赛事举办之前，相关部门都会斥巨资对城市的基础设施进行修缮。例如，上海以承办八运会为契机，新建、改建了 38 个体育场馆；为 2004 年承办 F1 赛车赛而专门兴建的上海国际赛车场堪称经典之作，F1 赛道的总投资约 50 亿元，赛车场区投资 26 亿元；澳大利亚维多利亚州政府体育娱乐部每年投入 400 万澳元（相当于 2 800 万元人民币）赞助给墨尔本市政府用于体育设施建设，此外，州政府和博彩公司每年还提供 250 万澳元用于小型体育场地建设；2007 年，在西班牙巴伦西亚市起航的美洲杯帆船赛中，直接用于改善通信设施和道路建设等城市基础设施建设的资金就达到了 8.6 亿欧元；青岛为举办 2008 年奥运会帆船比赛投资 200 多亿元用于建设铁路、海上交通、信息、通信、生态环境等；韩国仁川市为修建 2014 年亚运会场馆，政府累计支出 1.2 万亿韩元（约合人民币 71 亿元）。

在赛后阶段，体育场馆可以重复利用，城市因为举办品牌赛事而扩大了影响力，吸引人们前来投资、旅游。如 2003 年举办的厦门马拉松赛使全世界人都认识了厦门这座城市，使得 2003 年厦门旅游总收入达到了 165.32 亿元人民币，2013 年升至 620.95 亿元，实现了大幅度增长。

二、体育赛事对城市经济产业结构的影响

产业是城市经济的核心，产业的形态与布局决定了城市经济未来的发展方向与潜力。在现代城市发展进程中，大力发展服务业成为许多大城市的重要目标。服务业包括除农业、采矿业、制造业、电力、热力、燃气及水生产和供应业以及建筑业以外的其他各行业，服务业增加值比重是指服务业增加值占同期国内生产总值的比重，是以货币形式表现的全部服务企业和单位在一定时期内生产活动的最终成果，即服务业企业和单位在一定

时期内全部生产过程中新创造的价值，它是衡量经济发展和现代化水平的重要指标。体育产业作为服务业的一种，其经济效益和影响力已经得到广泛认可，尤其是体育赛事产业，它在促进体育产业发展的同时，也带动了举办城市旅游业、住宿餐饮业、金融保险业、传媒业、物流业等的增值。

（一）体育赛事对旅游业的影响

体育赛事的集聚性会吸引众多外地的人们来举办城市观看比赛，它可以在短期内增加旅游人数，提升旅游业的经济收入。

有资料显示，仅悉尼奥运会期间，外国旅游者就达 44 万人次。2012 年 6 月至 7 月，第三届亚洲沙滩运动会在山东海阳举行，从 6 月 16 日开幕到 7 月底，海阳市共接待游客 163 万，收入 8.75 亿元，分别较上一年同期增长了 124% 和 80%。从景区、酒店、旅行社游客接待量来看，亚沙会为海阳城市知名度带来的影响直接体现在旅游企业接待量的增长上，景区的团队和散客数量都较去年有大幅度甚至成倍增长。较亚沙会举办前，旅行社地接导游业务明显增多，并改变了以前以组团为主的业务结构类型，转为以接待外地散客为主。

2004 年至 2010 年上海 F1 汽车大奖赛期间，数十万国内外游客前来观看，每年可给上海带来数十亿人民币的消费额。F1 上海站的举办使得整个长三角地区的旅游业也得到了迅速的发展。F1 期间，嘉定城内酒店一房难求，连毗邻的江苏太仓市的宾馆都爆满，这对于旅游产业来说是一个巨大的拉动。墨尔本是将赛事与旅游资源充分整合的典型案例，它建立了一个以举办传统赛事和申办国际性体育赛事为核心的赛事——旅游模式。该模式的目标在于通过体育赛事为当地的发展带来可观的经济收益，并通过作大量的媒体宣传，在时间和空间上调整赛事的平衡。值得注意的是，墨尔本市旅游与赛事的结合是双向的，旅游业繁荣的同时反过来会对赛事提供必要的支持，一些大型体育赛事给城市旅游带来的经济效益更大，具体如表 8-1 所示。

表 8-1　部分体育赛事旅游业的赢利情况

体育赛事名称	因旅游带来利润	备注
洛杉矶奥运会	32 亿美元	入境游客达 22.5 万人
汉城奥运会	34 亿美元	入境游客达 22 万人
北京奥运会	13 亿美元	
悉尼奥运会	42.7 亿美元	35 万人赴悉尼观战
韩日足球世界杯	47 亿美元（韩）21 亿美元（日）	

（二）体育赛事对住宿餐饮业的影响

比赛期间，大量观众和游客涌入举办城市，他们在举办城市的衣食住行会对该城市的住宿、餐饮、娱乐、销售等行业产生经济效益。如在厦门举办的国际马拉松赛，厦门市星级旅游饭店相继推出了"激情马拉松，美食迎嘉宾"等系列活动招揽顾客，成千上万的外来参赛者和旅游者与本市市民外出观看比赛，使得大多数餐饮单位日均营业收入都增长了35%，一些宾馆的入住率甚至高达 100%，各种类型的商场超市零售额也大幅攀升；宁波市北仑区在成为"2005-2008 年中国女排主场"之后，先后承办了十大国际女排赛事，2004 年至 2006 年，北仑区的批发零售业、餐饮住宿业也得到了迅速发展。社会消费品总额、批发零售贸易额、餐饮住宿零售额和增长速度都有不同程度的增长。表 8-2 说明了 2011 年至 2013 年宁波市北仑区批发零售业与住宿餐饮业的发展情况。这些与女排赛事的举办是分不开的。

表 8-2　2011-2013 年北仑区批零贸易与住宿餐饮业的发展情况

（单位：亿元人民币）

年份	社会消费品总额	增长速度	批发零售贸易额	餐饮住宿业零售额
2011	105.53	19.4%	93.89	11.64
2012	123.99	17.5%	111.13	12.86
2013	141.48	15.6%	126.45	15.02

（三）体育赛事对金融保险业的影响

体育赛事也存在着很多风险，如赛事能否顺利举行、运动员是否会在比赛中受伤、观众在观赛期间能否确保安全等。随着人们保险意识的不断加强，通过金融保险业转移风险是比较合适的选择。据中国保险报报道，随着我国经济和体育产业的快速发展，体育保险也已经展现出巨大的发展潜力。目前，我国有 3 亿多人经常参与体育活动，各层次专业运动员达 10 万多人，拥有 70 多万个运动场馆，每年有近 600 场大型体育赛事在各地举行，体育产业经营性机构有 2 万多家，从业人员达 60 多万。如果每年将近 600 场体育赛事均进行一定额度的投保，本身就是一笔不小的数目。从购买体育保险的对象上分析，运动员尤其是优秀运动员是体育保险的主要对象，其中也不乏一些赛事的组委会会对赛事的安保等问题进行投保，如 2011 年国际单项体育联合会（IFS）就购买了总额达 1 亿美元的保险，以防 2012 年伦敦奥运会因战争或恐怖袭击而临时取消。随着体育赛事和体育保险种类的不断增加，体育赛事必将带动金融保险业的不断发展。

（四）体育赛事对物流业的影响

现代物流业的快速发展是城市现代化的重要体现。在整个赛事运行期间，都离不开物流行业，物流业几乎串联了赛事与其他所有行业间的联系。如 2010 年广州亚运会汇集了 45 个参赛国家和地区的数万名运动员、记者和观众，有关人员来往、出行、旅游及消费品的配送和比赛前后器材、体育用品的运送、储存、包装、信息处理等方面都需要物流系统的协调与控制。对于亚运会的主办者及主办城市来说，物流的参与最大限度地保证了各项流动资源（人力、财力、物力等）在有限时间和空间内及时准确地进行支配、传递、交互，从而满足亚运会的要求。

大量案例证实，体育赛事不仅促进了服务业的发展以及整个产业结构的变革，更重要的是它可以带动旅游、餐饮、住宿、金融、广告、物流等相关产业的发展。

三、体育赛事对城市经济创新发展的影响

创新是城市经济发展的不竭动力，一个城市创新能力的大小直接决定了这个城市发展的速度和未来。而全员劳动生产效率是实现城市经济创新发展的基础，只有劳动生产效率提高了，城市经济的发展才能快速增长。劳动生产力是劳动生产率的关键因素。由于生产力的首要因素是劳动者，而劳动者的身体素质是其生命活动和劳动工作能力的物质基础，所以劳动者身体素质的高低直接影响着生产力的发展。决定一个人身体素质高低的因素主要在于先天遗传和后天获得两个方面。先天遗传只是提供了素质高低的可能性，而最主要的决定因素还是后天的体育锻炼和卫生保健。体育运动对改善和提高人体形态、生理机能、运动素质与能力、心理发育等都有着非常重要的意义。体育赛事作为传播体育锻炼意识的重要平台，不仅具有竞技性，还具有教育性，观众通过欣赏体育比赛可以培养积极向上的体育精神和坚持、拼搏的意志品质；体育赛事还具有普及性，观众通过体育赛事可以了解到一些新的、陌生的体育项目和体育知识以及一些比赛项目的竞赛规则等；同时体育赛事还会激发观众产生体育运动的动机，积极参与到体育运动中。赛事举办城市的市民通过不同程度和形式参与体育赛事，在加深对体育认识的同时，身心也会受到体育精神的熏陶和洗涤，从而逐渐接受现代体育所传达的理念和价值观，并最终成为一名忠实的体育运动实践者。

另外，体育赛事的举办需要大量体育赛事及其相关产业领域的优秀人才，这将进一步促使赛事产业领域人才的培养。例如，拉斯维加斯是全美高规格拳击赛的主要举办城市，而拳击赛大多是在大型酒店中举行的，为此，拉斯维加斯大学就比较重视酒店管理等方面的人才培养，该校拥有全美最大、有着45年历史的酒店管理学院，会展、旅游等专业在全美排名第二，培养了一大批优秀的人才。除了对人才的培养之外，拉斯维加斯还注重引进技术人员和管理人才，在频繁的赛事实践中，这些人力资本在不断的竞争中优胜劣汰，最后造就了一批具有竞争力的技术人员和赛事管理者。

优秀的劳动力代表着高效的劳动生产率。体育赛事不仅可以促进人们形成健康的生活习惯，锻炼人们顽强拼搏、永不言弃的意志品质，带动人们积极参加健身活动，提高身体素质，还可以培养相关产业人才，提高劳动力的整体素质，从而直接或间接地促进全民劳动生产力的提升，最终提高全民劳动生产率，促进城市经济创新。

四、体育赛事对城市经济资源环境的影响

城市经济发展的资源环境关系着城市的可持续发展。城市经济与资源环境和谐发展是我国构建和谐社会的重要方面。两者的和谐发展，即表现为城市经济发展要以城市资源环境的承载能力为前提，在注重城市经济增长的同时，注重资源环境的保护和治理，使城市经济发展同资源环境保护保持动态协调与平衡，从而达到保证城市经济发展与资源环境保护的双重目的。在现代城市工业和环境过度开发的背景下，资源的可持续利用和环境的保护成为体现城市经济实力的一个重要方面，而城区绿化率和三废排放处理率则是城市资源环境的两个具体指标。

在申办体育赛事过程中，城市环境是审批过程中十分重要的方面。尤其是在大型体育赛事中，当个人或组织递交了申办申请后，相关部门就会对申办方提供的材料进行考核和实地考察，环境是其中十分重要的一个内容。为了成功申办体育赛事，申办城市往往会在城市的绿化、三废的排放、能源利用等方面进行投资和改善。在体育赛事这一载体下，整合城市各个部门的力量改善城市的资源环境，不仅可以提升城市形象，还可以还市民一个绿色的家园。2003年至2008年，北京市投入大量资金用于治理环境，极大地改善了北京的环境状况，缩小了北京与世界大都市在环境方面的差距，实现了北京申办绿色奥运会的承诺。1972年慕尼黑奥运会提出了"健康环境中的健康比赛"的口号，要求各个国家或地区奥委会在各自国家或

地区的奥林匹克公园种植灌木。1976 年加拿大蒙特尔奥运会的每一个参赛国家或地区都得到了一颗加拿大枫树苗，让其带回自己国家种植。2000年悉尼奥运会为了保护珍贵青蛙，改变了建设网球场的地点，举办了一次绿色奥运会；奥运村大量使用了太阳能光电板；体育场安装了雨水收集和利用设施；水上运动中心室内采用观众厅局部制冷技术以节约能耗；志愿者的办公家具全部使用可再用材料；持票观众可以免费搭乘公共交通；1998年至 2000 年，全澳大利亚种植了 400 万棵树，据研究，这些节能措施每年可节约用水 8.5 亿升，奥运会期间可减少温室气体排放 3 万吨；广州亚运会期间禁止一切外来牌照的车辆通行，禁止一切未持有绿色环保标志的汽车通行、禁止达不到国家标准柴油车在高排放车限行区通行、党政机关企事业单位用车封存 30%、禁止农用车进入市中心区通行、禁止冒黑烟公交车、客货运车上路行驶。自从 1994 年奥林匹克一百周年代表大会将"体育运动与环境"列入会议议题以来，城市在举办体育赛事的同时也更加重视体育赛事对城市环境的影响，不仅极力保护赛事期间城市环境不受损害，更是利用赛事大力宣传绿色环保的理念，利用基础设施的改建增加城市绿化面积，促进城市经济资源环境的发展。

五、体育赛事对城市经济的负面影响

虽然体育赛事在很多方面可以促进城市经济的发展，但体育赛事对城市经济发展的负面影响也是存在的。如赛事增加了城市交通的压力，比赛期间大量的人流会直接影响到当地居民的正常出行等。2000 年悉尼奥运会期间，首次出现了"反旅游"现象，即一些居民为躲避大规模人流，纷纷逃离自己所居住的城市。有资料显示，在悉尼奥运会期间，在奥林匹克中心，高峰时的地铁几乎是一辆接一辆，日运送观众的最大载客量达 50 万人以上。再如比赛期间的安保问题，人流量的增加会伴随着一些不法行为的增加，像盗窃、暴力等，而在赛场中，不同国家、不同肤色的球迷聚集在一起容易发生冲突和群体暴力事件。此外还有赛后体育场馆闲置的问题，很多城市为了举办一届大型体育赛事专门修建了体育场馆，可比赛结束之后这些场馆的利用问题却没有得到很好的解决。1976 年的蒙特尔奥运会是历史上对城市经济负面影响最严重的一次体育赛事。由于举办方在赛事预算方面的失误，导致 15 天的奥运会使蒙特尔亏损达 10 亿美元以上，负债长达 30 年之久。

第四节　体育赛事的经济影响评估

体育赛事的经济影响是指由于举办体育赛事而给举办地带来的除了非市场价值以外的净经济变化。当一个国家或地区举办某一赛事，特别是一些重大体育赛事时，势必会有一些新的资金流入该国家或地区，并在该国家或地区的经济体系中循环，从而对赛事举办地的经济产生影响。这些新的资金主要来自以下几个方面：第一，由于赛事运作给举办地带来的资金流动。赛事组织方的部分赛事收入是从本地区经济系统外的经济主体中获得的，如电视转播费、赞助费等，这些收入作为赛事运作的资金，有很大一部分将在本地区的经济系统中流动；第二，本地区以外的赛事相关群体给举办地带来的额外消费。这里所指的本地区以外的赛事相关群体是指完全由于赛事的举办而来到举办地的群体，包括运动员、教练员、赛事官员、媒体人员以及部分观众等；第三，由于赛事的举办带来的举办地以外的经济主体在本地区的支出，如体育赛事的赞助商为了配合宣传在举办地的相关支出；第四，本地区经济系统内由于举办体育赛事而产生的额外经济流。在通常情况下，本地区经济系统内的经济流不算做体育赛事的经济影响范畴，其原因是如果这些资金不用于体育赛事方面，还可能用于本地区经济系统内的其他方面，体育赛事的举办只是产生了一种"替代效应"。体育赛事对举办地经济影响的评估主要包括两部分：赛前经济影响评估和赛后经济影响评估。

一、体育赛事经济影响评估模型

（一）投入—产出模型

投入产出模型在当今的体育赛事经济影响评估中成为主流。投入——产出分析法，又称投入产出经济学，主要是从宏观上研究经济的均衡问题，可以用来研究举办体育赛事对某一区域所产生的直接和间接经济影响。投入——产出分析法运用投入产出表来计算体育赛事的经济影响。该表以矩阵的形式，记录和反映了一个经济系统内由于赛事的举办而在各个产业部门之间产生的产品以及服务流量和交换关系的工具。在美国较为常用的模式为"规划影响分析模式"、"地区性投入产出模型系统"以及"旅游经济影响模型"。汉弗莱斯（Humphreys）和普卢默（Plummer）运用"地区性投入产出模型系统"模型分析了 1996 年亚特兰大奥运会对于佐治亚州的经济影响，他们将奥运的经济影响分为短期影响和长期效益。短期影响指 1991 年至 1997 年间由于奥运会所带来的大量新增资金的注入给佐治亚州带来的经济影响。分析结果显示，举办 1996 年亚特兰大奥运会将使佐治亚州增加 19 亿美元的经济收入，新增 7.7 万个全职和兼职的就业机会，并使佐治亚州的政府部门增加 1.76 亿美元的税收收入；长期效益则包括所建造的世界级设施，由于媒体的大量宣传使得国际社会及整个国家对亚特兰大市和佐治亚州的认可度大大提升，以及包括创造就业机会和促进文化、教育项目等在内的社会效益。帕特里克运用"规划影响分析模式"模型对 2005 年全美大学生体育协会男子篮球锦标赛四分之一决赛对圣路易斯地区的经济影响进行了评估。结果显示，该赛事对举办地 GDP 的贡献为 4120 美元、对居民收入的影响为 2645 万美元、对政府收入的影响为 483 万美元。

魏小真等人运用投入产出模型法分析了奥运发展规划对北京市经济发展的影响。分析结果显示，奥运会使北京市国民经济出现"三个速度"加快，即经济发展速度加快、实现人均 GDP 达到 6000 美元目标的速度加快以及第三产业比重提升的速度加快；同时奥运会将影响北京市的经济结构，促进产业升级。黄荣清等人利用投入产出模型分析了奥运对北京市就业水平的影响。分析结果显示，2003 年至 2008 年 6 年间，场馆及相关设施建设和旅游业发展等因素拉动劳动力需求，共计 88.3 万人，奥运会举办当年即 2008 年，工作岗位大约增加 23 万个。

一般而言，运用投入产出分析体育赛事对举办地的宏观经济指标完整步骤包括 5 个方面。第一，确定与体育赛事相关的组织和团体；第二，估算这些组织和团体的总支出；第三，在这些组织和团体总支出中剔除掉不举办体育赛事仍会留在该经济体中的消费，从而得到这些组织和团体体育赛事方面的净支出；第四，将这些净支出与投入产出表的部门产生联系。这一步是十分必要的，因为投入产出表和乘数都是基于不同产业的分类，但体育赛事相关组织和团体的支出表现出的是不同商品或服务的消费，例如住宿、餐饮、纪念品消费等，因此，必须将体育赛事的这些支出对应到投入产出表中的不同产业中；第五，最终计算出体育赛事对举办地宏观经济相关指标影响的数值。运用投入——产出法分析体育赛事经济影响的一个最大优点就在于它能将经济影响全部量化，能够提供一个相对准确并且可比较的结果。但是对赛事进行投入——产出分析必须要具有大量的数据，对数据具有很强的依赖性，对原始数据的准确性要求非常高，并且只局限于对赛事所产生的宏观经济影响的估算。因此，用这一方法去评估赛事产生的所有经济影响，甚至包括那些不能用数量表示的影响是有其局限性的。

（二）可计算一般均衡模型

该模型实际上就是描述经济系统供求平衡关系的一组方程，用以描述供给、需求和供给关系（或称市场关系）。如表 8-3 所示，在供给部分，模型主要对商品和要素的生产者行为以及优化条件进行描述，包括生产者的生产方程、约束方程、生产要素的需求方程以及优化条件方程等；在需求部分，一般把总需求分为最终消费需求、中间产品需求和投资需求三部分，把消费者分为居民、企业和政府三类。模型主要对消费者行为及其优化条件进行描述，包括消费者需求方程、约束方程、生产要素的需求方程、中间需求方程及优化条件方程等；供求关系部分由一系列市场出清条件和宏观平衡条件组成，主要包括：①商品市场出清；②劳动力市场出清；③资本市场出清；④储蓄投资平衡；⑤政府预算平衡；⑥国际收支平衡。一方面它是投入产出模型和线性规划模型的结合和完善，这主要表现为"可计算一般均衡"模型通过引入经济主体的优化行为，刻画了生产之间的替代关系和需求之间的转换关系，用非线性函数取代了传统的投入产出模型中的许多线性函数；另一方面，"可计算一般均衡"模型在传统的投入产出一般均衡基础上，引入了通过价格激励机制发挥作用的市场机制和政策工具，从而将生产、需求、国际贸易和价格有机地结合在一起，以刻画在混合经济条件下，不同产业、不同消费者对由一定政策冲击所引起的相对价格变动的反应。

表 8-3　"可计算一般均衡"模型的基本构成

	供给	需求	供给关系
主体	生产者=国民经济生产部门	消费者=居民+企业+政府	市场
行为	生产者追求利润最大化	消费者追求效用最大化	寻找市场均衡价格
	生产函数	消费者效用函数	产品市场均衡方程
	约束方程	约束方程	要素市场均衡方程
方程	优化条件方程	优化条件方程	居民收支均衡方程
	生产要素的需求方程	产品需求方程	政府预算均衡方程
		生产要素的供给方程	国际市场均衡方程
变量	商品价格与数量、生产要素与数量、制度变量、表示技术进步的变量、宏观变量		

在对体育赛事经济影响评估的研究中，研究者们开始利用可计算一般均衡模型对赛事经济的影响进行评估。澳大利亚很多学者在分析赛事经济

影响时就使用了"可计算一般均衡"模型。英国在对 2012 年伦敦奥运会经济影响进行研究时，针对奥运会专门建立了一个"可计算一般均衡"评估模型。庞军利用可计算的一般均衡模型对 2008 年奥运会投资对北京市的经济影响进行了研究，结果显示，奥运会投资对北京市的经济发展起到积极作用，2002 年至 2007 年，奥运会直接投资将拉动北京市实际 GDP 平均每年增加约 2.6 个百分点，奥运会总投资则将拉动北京市实际 GDP 平均每年增加约 5.5 个百分点；奥运会投资可增加北京市的就业岗位，2002 年至 2007 年，奥运直接投资使得北京市新增就业岗位 1 267 055 个，奥运会总投资使得北京市新增就业岗位达 2 825 336 个。其中，两者对北京市就业岗位增加的促进作用均在 2006 年达到最大，分别增加就业岗位 277 451 个和 629 970 个。

（三）乘数分析方法

另外还有成本—收益分析、社会福利影响分析、网络图分析、直接运用乘数（乘数是指在一定的边际消费倾向条件下，投资的增加或减少可导致国民收入和就业量若干倍地增加或减少）系数计算等方法，在体育赛事相关经济影响的实际评估中，经常会用到乘数来估算赛事给举办地经济方面带来的影响。目前，常用的乘数有销售乘数、收入乘数、产出乘数、就业乘数、税收乘数等。计算公式分别如下：

销售乘数=（赛事给举办地销售带来的直接影响+间接影响+引致影响）/赛事给举办地带来的新的消费额

收入乘数=举办地总收入的增加额/赛事给举办地带来的新的消费额

产出乘数=（赛事对举办地产出的直接影响+间接影响+引致影响）/赛事给举办地带来的新的消费额

就业乘数=（赛事对举办地就业的直接影响+间接影响+引致影响）/赛事给举办地带来的新的消费额

税收乘数=举办地税收的增加额/赛事给举办地带来的新的消费额

二、赛前经济影响评估

学者黄海燕在他的博士论文中通过内容分析法和德尔菲法对体育赛事综合影响事前评估指标体系的研究显示，体育赛事经济影响事前评估指标包括 6 个二级指标和 12 个三级指标，并分别给出了各自的权重（根据原文数据计算所得），具体如表 8-4 所示。其中，"给举办地带来的新的消费"、

"对宏观经济指标的积极影响"、"对赛事相关产业的拉动"、"提升城市知名度和城市形象"和"赛事运作获得的会计收益"这 5 个二级指标属于正向指标；而"赛事运作的经济风险"指标属于逆向指标。

表 8-4　体育赛事经济影响类事前评估指标及权重一览表

一级指标	二级指标	三级指标
经济影响	1.给举办地带来的新的消费（0.164）	1.1 外来人员的消费额（0.517）
		1.2 赛事组织在本地的支出额（0.483）
	2.对宏观经济指标的积极影响（0.154）	2.1 对 GDP 的贡献率（0.254）
		2.2 政府税收收入增加额（0.256）
		2.3 新增就业岗位数（0.264）
		2.4 居民收入增加额（0.226）
	3.对赛事相关产业的拉动（0.171）	3.1 对赛事相关产业 GDP 的贡献率（1.00）
	4.提升城市知名度和城市形象（0.184）	4.1 参与赛事的国家数（0.325）
		4.2 参与报道的媒体数量（0.338）
		4.3 参与报道的媒体级别（0.337）
	5.赛事运作获得的会计收益（0.163）	5.1 赛事收入与成本的差额（1.00）
	6.赛事运作的经济风险（0.164）	6.1 政府财政支出额（1.00）

三、赛后经济影响评估

大型体育赛事的经济效益主要分为直接经济收益和间接经济收益两部分。其中直接经济收益主要从两个方面来衡量：赛事主办方的经济收益和赛事的不同层次的赞助商的经济收益。赛事主办方的经济收益主要体现在以下几个部分：①出售赛事的电视转播权而产生的收入；②赛事期间出售门票产生的收入；③各类纪念品销售带来的收入；④来自各层次赞助商的赞助。对于不同层次的赞助商而言，其直接收入就是通过与体育赛事的联系，使受众对其产品产生积极的联想从而产生现实的购买欲望而带来的那部分收益。

间接经济收益主要指为赛事举办进行的一系列的投资通过产业间关联效应对 GDP 的拉动作用，这些相关联的产业包括：①建筑业：各类体育场馆池的生产部门；②器材制造业：各类体育场馆池配套的体育设备、体育用品生产部门；③基础设施产业部门：因比赛要进行的城市基础设施配套建设；④环保业：赛事期间城市环境保护建设部门；⑤服务业部门：涉及保险、通信、宾馆、饭店、餐馆、劳动力培训等服务部门；⑥传媒业；⑦博彩业；⑧社会居民消费主体；⑨其他各行业。在上述分析的基础上，可以得出一个较简单的偏定量的评估体系模型：

$$\Delta Y = \Delta Y_1 + \Delta Y_2 + \Delta Y_3 = \sum P_i + (I + C) / (I - b) + \sum {}_{00}$$

其中，ΔY 表示赛事总的经济效益；$\Delta Y = \sum P_i$ 表示赛事组织者的直接收益的总和；I 表示举办赛事而进行的各项投资；C 表示赛事期间的各种消费量；b 表示举办赛事国家的边际消费倾向；$\Delta Y_2 = (I + C) / (I - b)$ 表示大型赛事通过乘数效应带来的 GDP 的增量；$\Delta Y_3 = \sum {}_{00}$ 表示赛事带来的潜在的 GDP 的增量。

参 考 文 献

[1] 王兆红. 体育经济学[M]. 北京：电子工业出版社，2020.

[2] 马天平. 体育经济学[M]. 北京：清华大学出版社，2021.

[3] 彭坤. 体育经济相关理论分析与科学发展研究[M]. 北京：水利水电出版社，2018.

[4] 王子朴. 体育经济热点问题研究[M]. 北京：高等教育出版社，2012.

[5] 刘甲爽. 体育经济与赛事管理[M]. 北京：中国政法大学出版社，2015.

[6] 彭圣致. 现代体育经济的多维度发展探析[M]. 北京：中国经济出版社出版，2020.

[7] 鲍明晓. 中国体育产业发展报告[M]. 北京：人民体育出版社，2006.

[8] 曹可强. 体育产业概论[M]. 上海：复旦大学出版社，2004.

[9] 陈宏，徐伟. 现代体育促销研究[M]. 合肥：合肥工业大学出版社，2005.

[10] 陈林祥. 体育市场营销[M]. 北京：人民教育出版社，2010.

[11] 陈云开. 赛事经营管理概论[M]. 上海：复旦大学出版社，2003.

[12] 丛湖平. 体育产业理论与实践[M]. 北京：人民体育出版社，2006.

[13] 樊明. 健康经济学[M]. 北京：社会科学文献出版社，2001.

[14] 符国群. 消费者行为学[M]. 武汉：武汉大学出版社，2004.

[15] 龚志民. 消费经济学前沿[M]. 北京：经济科学出版社，2002.

[16] 张忠元. 体育资本[M]. 北京：中国经济时代出版社，2002.

[17] 黄晓灵. 体育经济学[M]. 重庆：西南师范大学出版社，2005.

[18] 纪宁. 体育赛事经营与管理[M]. 北京：电子工业出版社，2004.

[19] 简新华，李雪. 新编产业经济学[M]. 北京：高等教育出版社，2009.

[20] 李宝山. 管理经济学[M]. 大连：东北财经大学出版社，2002.

[21] 张玉峰，王跃. 体育经济学[M]. 上海：华东理工大学出版社，2007.

[22] 李荣日. 体育产业概论[M]. 北京：北京体育大学出版社，2005.

[23] 刘勇. 体育市场营销[M]. 北京：高等教育出版社，2007.

[24] 刘远祥. 体育产业结构优化研究[M]. 济南：山东大学出版社，2015.

[25] 柳伯力. 体育旅游导论[M]. 北京：人民体育出版社，2003.

[26] 卢嘉鑫，张社平. 体育产业发展——理论与政策[M]. 北京：北京大学

　　出版社，2011.

[27] 卢元镇. 全民健身与生活方式[M]. 北京：北京体育大学出版社，2001.

[28] 卢元镇. 体育社会学[M]. 北京：高等教育出版社，2001.

[29] 骆秉全，姚娜. 体育消费者行为学[M]. 北京：高等教育出版社，2014.

[30] 骆秉全. 体育市场营销学[M]. 北京：人民体育出版社，2008.

[31] 钱伯海. 经济学新论[M]. 北京：中国经济出版社，2001.

[32] 苏东水. 产业经济学 [M]. 北京：高等教育出版社，2010.

[33] 钟天朗. 体育经济学概论[M]. 上海：复旦大学出版社，2010.

[34] 钟秉枢. 社会转型期我国竞技体育后备人才培养及其可持续发展
　　[M]. 北京：北京体育大学出版社，2003.

[35] 杨铁黎. 体育产业概论[M]. 北京：高等教育出版社，2010.

[36] 杨晓燕. 中国女性消费行为理论解密[M]. 北京：中国对外经济贸易出
　　版社，2003.

[37] 余兰. 体育产业经济学研究[M]. 成都：西南财经大学出版社，2006.

[38] 张保华. 现代体育经济学[M]. 广州：中山大学出版社，2004.

[39] 张景敏. 体育市场营销学[M]. 上海：复旦大学出版社，2006.

[40] 张林. 体育产业概论[M]. 北京：高等教育出版社，2013.

[41] 张瑞林，王会宗. 体育经济学概论[M]. 北京：高等教育出版社，2016.

[42] 白光斌，濮宗成，等. 中国体育经济增长的影响因素分析[J]. 2021
　　（9）：87.

[43] 陈欢欢. 基于体育经济视角探索健身俱乐部的市场营销途径[J]. 北京
　　印刷学院学报，2021（10）：3.

[44] 曹立. 全民健身背景下体育经济发展分析[J]. 北方经贸，2022（4）：2.

[45] 张剑辉. 体育经济政策视角下体育产业发展方向探索[J]. 文体用品与
　　科技，2022（4）：3.

[46] 应建华. 以科学的体育经济政策保障体育产业的发展[J]. 文体用品与
　　科技，2022（3）：3.

[47] 张玲玲. 探析体育经济视角下健身俱乐部的市场营销途径[J]. 经济研
　　究导刊，2022（17）：3.

[48] 赵真真. 当前影响我国体育经济发展的制约条件及对策分析[J]. 中国
　　储运，2021（4）：2.

[49] 穆世龙. 建设体育强国背景下体育经济重要地位及其发展策略[J]. 体
　　育风尚，2021（5）：2.